在丰富多元的环境刺激中趣味启智

最有效的育儿直通车　最关爱女性[illegible]备健康顾问

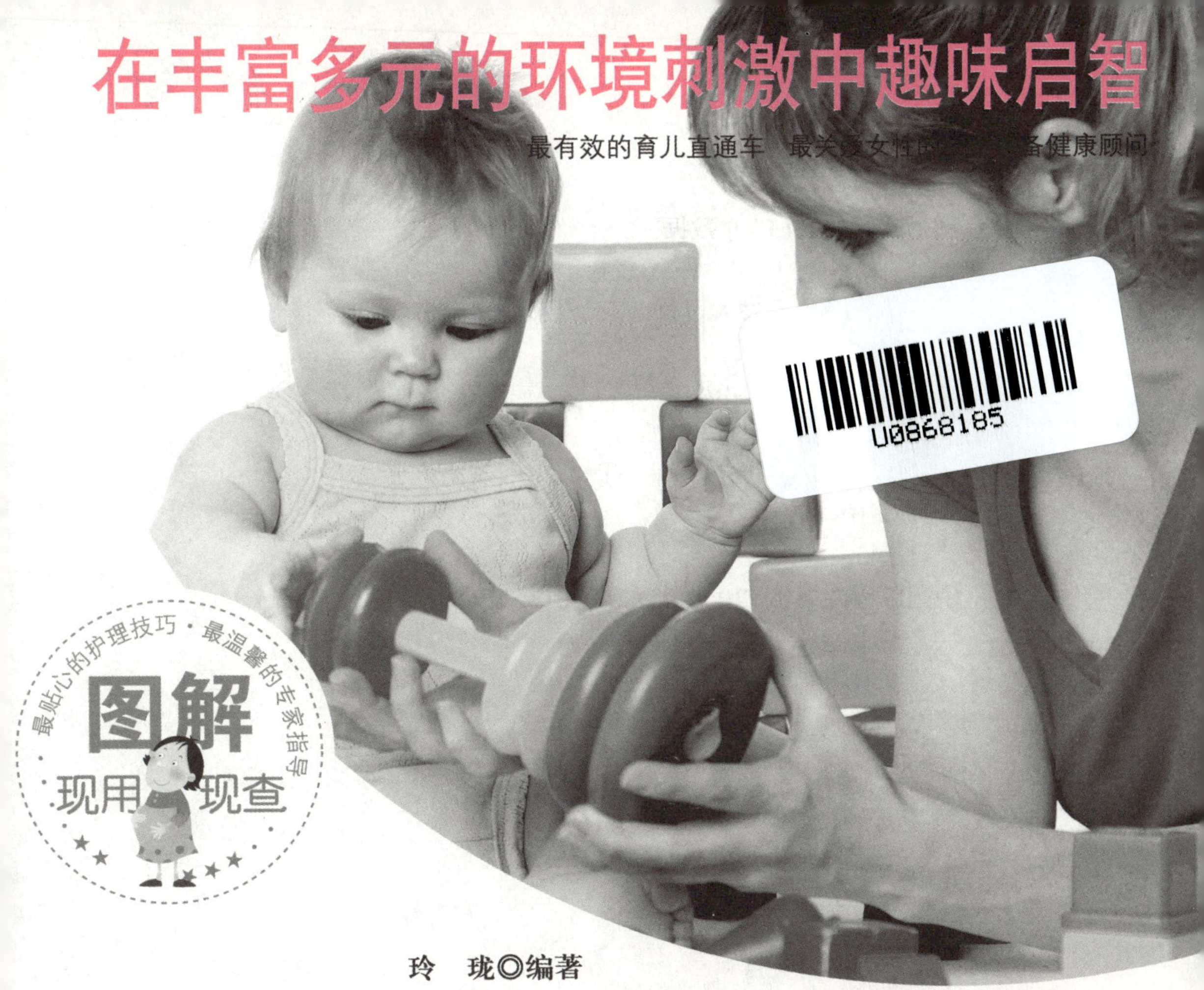

玲　珑◎编著

宝宝全脑开发大百科

全方位同步左右脑开发宝典

母婴健康专家鼎力推荐

中医古籍出版社

图书在版编目(CIP)数据

图解宝宝全脑开发大百科 / 玲珑编著. -- 北京：中医古籍出版社，2013.5

ISBN 978-7-5152-0370-6

Ⅰ. ①图… Ⅱ. ①玲… Ⅲ. ①婴幼儿-智力开发-图解 Ⅳ. ①G610-64

中国版本图书馆 CIP 数据核字(2013)第 084899 号

图解宝宝全脑开发大百科

玲 珑 编著

责任编辑 邓永标
排版制作 腾飞文化
出版发行 中医古籍出版社
社　　址 北京市东直门内南小街 16 号(100700)
经　　销 全国各地新华书店
印　　刷 北京盛兰兄弟印刷装订有限公司
开　　本 710×1000 1/16
印　　张 17
字　　数 320 千字
版　　次 2013 年 6 月第 1 版 2013 年 6 月第 1 次印刷
书　　号 ISBN 978-7-5152-0370-6
定　　价 36.00 元

前　言

每一个新生命的到来，都是一个奇迹的开始。面对一个新生命的诞生，父母在激动之余，更多的是拥有了一种责任。当初为父母的您，在无比的喜悦和憧憬之后，面对那稚嫩的生命时，会如何计划呢？这就需要父母对其进行精心、科学的喂养和呵护。

孩子是家庭的希望，更是国家未来的栋梁。所以，培养一个健康、聪明的孩子，是每位父母的最大愿望。父母都希望养育一个健康、聪明的宝宝。而想要做到这一切，父母必须做到科学喂养、科学开发。只有这样，才能以最佳的方法孕育出最聪明、最健康的宝宝。这样，孩子在起跑线上比别人领先一步，也能为日后的健康成长打下坚实的基础。

本着提高宝宝智力这一宗旨，针对读者，尤其是新爸爸、新妈妈比较关心的实际问题，我们特携手本领域资深专家和权威人士，合众人之力，精心编写了这本《图解宝宝全脑开发大百科》。他们不仅具有扎实的理论功底，同时具有丰富的临床实践经验，能给予年轻的夫妇在“养、育”等各个环节科学、全面的指导，是通往优育道路上的最得力的助手。

本书内容全面，选材新颖，科学实用，对宝宝大脑开发进行了全面、系统的阐述，详尽地告诉读者朋友宝宝如何科学养护及智力开发等诸方面的知识，是一本开发宝宝大脑的科学实用的指南！

不一样的知识，不一样的生活！我们坚信，在这本书中，您一定可以找到您最关心、最想知道的问题，也能寻找到解决这些问题的方法措施，让您的孩子更健康！

愿天下每一对夫妇都拥有一个健康、聪明的宝宝！愿每一个家庭都拥有一个快乐、美好的明天。

目录
CONTENTS

1~3个月宝宝全脑开发

1~3个月宝宝发育特点

1~3个月宝宝全脑开发营养方案

1~3个月宝宝全脑开发训练

1~3个月宝宝全脑开发游戏

4～6个月宝宝全脑开发

4～6个月宝宝发育特点

4～6个月宝宝全脑开发营养方案

4～6个月宝宝全脑开发训练

4～6个月宝宝全脑开发游戏

7～9个月宝宝全脑开发

10～12个月宝宝全脑开发

10～12个月宝宝发育特点

10～12个月宝宝全脑开发营养方案

10～12个月宝宝全脑开发训练

10～12个月宝宝全脑开发游戏

13～15 个月宝宝全脑开发

16～18个月宝宝全脑开发

16～18个月宝宝发育特点

16～18个月宝宝全脑开发营养方案

16～18个月宝宝全脑开发训练

16～18个月宝宝全脑开发游戏

19～21 个月宝宝全脑开发

21～24个月宝宝全脑开发

21～24个月宝宝发育特点

21～24个月宝宝全脑开发营养方案

21～24个月宝宝全脑开发训练

21～24个月宝宝全脑开发游戏

25～30个月宝宝全脑开发

31～36个月宝宝全脑开发

31～36个月宝宝发育特点

31～36个月宝宝全脑开发营养方案

31～36个月宝宝全脑开发训练

31～36个月宝宝全脑开发游戏

1~3个月宝宝全脑开发

1～3个月宝宝发育特点

人脑是世界上最精密、最灵敏的器官。脑中蕴含着无数待开发的资源，专家研究发现一般人对脑力的开发还不到5%，这些待开发的部分是智力开发的关键。新生婴儿具有惊人的本能，别看他是个小不点儿，这时的婴儿就像一块海绵，你给他多少，他就能吸收多少，所以这个时间段是婴儿智能开发的重要开端。

动作能力

胎儿在子宫内就有运动，即胎动。出生后的新生儿已有一定的活动能力，如新生儿会将手放到口边甚至伸进口内吸吮。四肢会做伸屈运动，当您和宝宝说话时，宝宝会随音节有节奏地运动，表现为转头、手上举、伸腿等类似的舞蹈动作，还会对谈话者皱眉、凝视、微笑。这些运动和语言的韵律是协调的，有时宝宝的手试图去碰母亲说话的嘴，实际上宝宝是在用运动方式和成人交流。新生宝宝还有一些反射性活动，如扶起直立时会交替向前迈步，扶坐时头竖立1～2秒或2秒以上，俯卧位时有爬的动作，口有觅食的活动，手有抓握的动作，并有抓住成人的两个手指使自己悬空的能力。

2个月的婴儿仰卧时，大人稍拉其手，头可以自己稍用力，不完全后仰了。他的双手从握拳姿势逐渐松开。如果给他小玩具，他可无意识地抓握片刻。3个月的宝宝腿部活动相应地会增多。在没有东西踢的时候，宝宝往往会踢自己的被子，但被子不会发出声音，所以不能促使宝宝进行更多的活动。这时父母可以想办法鼓励宝宝认识自己的双脚，并对宝宝的双腿进行训练，父母可以在婴儿床的尾部放一个他可以踢得到的铃铛，并且铃铛的颜色要能吸引宝宝。父母可以把铃铛在宝宝耳边摇响，然后放到宝宝腿部可以踢到的位置，或者拿起宝宝的脚去踢响铃铛，引起他的注意。当宝宝在无意识地踢腿时踢到这个铃铛，铃铛的响声会让宝宝觉得新奇，宝宝会高兴地再踢几次，验证是不是自己踢腿的动作让这个铃铛发出声音的。当他们发现这个事实时，会非常兴奋。然后，这种无意识的动作会慢慢转变成有意识的动作。

>> **好妈妈大讲堂**

在孩子出生数天内，就可以给他一些黑白或红黄色的有声玩具。他还喜欢看到熟识的脸孔，如妈妈、爸爸、保姆等。还可以在孩子床边挂些图画。到了2个月时，可在他身边挂些他能触及与可握玩的有趣物体。

听觉能力

新生宝宝对声音有定向力。用一个装有黄豆的小塑料盒，在宝宝看不到的耳边轻轻地摇动，发出柔和的咯咯的声音，新生宝宝的脸会警觉起来，他的头和眼会转向小盒的方向，并用眼睛寻找声源。在另一侧耳边摇动小盒，他的头会转向另一侧。然后父母用温柔的声音在新生宝宝耳边轻轻说："小宝宝，转过来看，来来来！"他会转过来看你，换一侧呼唤，他又转向另一侧。宝宝不爱听尖锐、过强的音响，当听到这类噪声时，头会向相反方向转动，或以哭表示拒绝这种干扰。

随着月龄的增长，宝宝的听觉能力也会逐步提高。到3个月时，宝宝的听力有了明显的发展，在听到声音后，头能转向声音发出的方向，并表现出极大的兴趣。当成人与他说话时，他会发出声音来表示应答。

因此，在日常生活中，应多和孩子说话，适当让孩子听一些轻松愉快的音乐，将有利于孩子的听觉发展，也有利于孩子语言的发展。

1个月内的宝宝听到声音后马上就会有反应。例如，宝宝听到妈妈的声音后就不再烦躁。如果宝宝旁边大约15厘米远的地方有声音则会引起他的警觉，头会反射性地转向发声处。当宝宝听到比较平静的声音时，活动会减少，表现得很安静，他会把眼睛睁大或者微笑；当宝宝听到一些突然发出的声音时会有颤抖的动作，宝宝还能区分非语言的声音和人发出的声音以及不同的音调。

视觉能力

新生宝宝生下来第一天就喜欢看图案，但是，宝宝不喜欢看颜色单一的屏幕。并发现他们对类似人脸图形的兴趣超过对其他复杂图形的兴趣。要使新生宝宝看清物体，应将物体放在距眼 20 厘米左右处。如给新生宝宝看红球，当新生宝宝觉醒时，持红球距宝宝的脸约 10 厘米处轻轻晃动。当宝宝看到后慢慢地移动红球，宝宝的眼和头能追随红球移动的方向，头从中线位向左或向右转动，有时会稍稍抬头向上看，有的还能转动 180 度看红球。给宝宝看你的脸时，你可以说话或不说话。当宝宝注视你后，慢慢移动你的头向宝宝一侧，然后再移向另一侧，宝宝会不同程度地转动眼和头部，追随你脸移动的方向。90% 以上的新生宝宝都有这种能力。新生宝宝会追随移动的东西看，这是大脑功能正常的表现。

3 个月的宝宝可以看清大约 75 厘米远的物体，并且可以辨别彩色的物体，而且视线会随着物体转动。这个时期的宝宝喜欢看一些鲜艳的颜色，排在前三位的是红、黄、蓝。因此父母可以经常用颜色鲜艳的玩具来锻炼宝宝的视力。在宝宝原有的视觉能力上，继续让宝宝多看周围的人和物。并且有意识地对宝宝进行视力能力的训练，比如把一个色彩鲜艳的球从桌子的一侧滚到另一侧。宝宝喜欢看会动的东西，比如猫、鸟和飞奔的汽车等，所以父母要经常带宝宝到户外，看一些活动的物体，这样可以使宝宝的视力得到很好的锻炼。

>> **爱心妈妈温馨提示**

小宝宝喜欢明暗对比鲜明或色彩鲜艳分明的图像，不喜欢空白无色、无明度对比、色调单一的图像。宝宝喜欢那些他能看清的东西。2~3 个月的婴儿非常喜欢看正常人的脸孔，不喜欢看那些五官被颠倒的脸孔。3 个月的婴儿对人的面孔已形成清晰的像。他们熟悉了人的面孔，更加喜欢人，喜欢人接近、抚摸他们。显示出一种对人肯定、接受的明确态度。

语言能力

孩子在有人逗他时，他非常高兴，会笑，并能发出“啊”“呀”的语音。这些特殊的语言是孩子与大人情感交流的方式，也是孩子意识的一种表达方式，家长应对这种表示及时作出相应的反应。

3个月的孩子在语言上有了一定的发展，逗他时会非常高兴并发出欢快的笑声，当看到妈妈时，他会露出微笑，嘴里还会不断地发出“咿呀”的学语声，似乎在向妈妈说着知心话。

新生儿的听觉系统很灵敏，他会因为听到熟悉的声音而安静下来，也会因为突如其来的惊吓而哭泣。为此，爸爸妈妈在和宝宝说话或讲故事时，声音应尽量柔和，在日常生活中为宝宝创造丰富的听觉环境，为其学习语言打下良好的基础。

心理发育特点

3个月的孩子喜欢听柔和的声音，会看自己的小手，能用眼睛追踪移动的物体，会有声有色地笑，表现出天真快乐的反应。对外界的好奇心与反应不断增长，开始用“咿呀”的发音与你对话。

3个月的孩子脑细胞的发育正处在生长期的第二个高峰的前期，不但要有足够的母乳喂养，也要给予视、听、触觉神经系统的训练。因此，每天生活要逐渐规律化，如每天给予俯卧、抬头训练20～30分钟。宝宝睡觉的位置应有意识地变换几次。可让宝宝追视移动物，用触摸抓握玩具的方法促进宝宝的发育，也可做婴儿体操等活动。

这个时期的宝宝最需要人来陪伴，当他睡醒后，最喜欢有人在他身边照料他、逗引他、爱抚他、与他交谈玩耍，这时他才会感到安全、舒适和愉快。

总之，父母的身影、声音、目光、微笑、抚爱和接触，都会对孩子心理造成很大的影响，对宝宝未来的身心发育，建立自信、勇敢、坚毅、开朗、豁达、富有责任感和同情心的优良性格，会起到很好的作用。

模仿能力

新生宝宝在安静觉醒状态，不但会注视你的脸，还有模仿你脸部表情的奇妙能力。当面对面和宝宝对视时，你慢慢地伸出舌头，每20秒钟一次，重复6～8次。如果宝宝仍注视着你，他常会学你的样子，将舌伸到口边甚至口外。宝宝还会模仿其他脸部动作和表情，如张口、哭、悲哀、生气等。不模仿的新生宝宝也是正常的，只是他们不愿意和你玩这种游戏罢了。

>> 专家建议

孩子好奇、好动，要充分运用自己的感觉器官去感知事物，认识事物，以培养他们的观察力。通过各种观察，能培养孩子在比较中发展分析、综合的能力。让孩子练习观察的时候，最好选一些形象可爱、色彩鲜明，容易引起他兴趣的事物，孩子自然就会精神集中地去观察，而且也不容易产生疲劳或厌倦心理。

感觉发育

孩子经过一个月的哺育，对妈妈说话的声音很熟悉了，听到陌生的声音他会吃惊，如果声音很大他会感到害怕而哭起来。因此，要给孩子听一些轻柔的音乐和歌曲，对孩子说话、唱歌的声音都要悦耳。孩子很喜欢周围的人和他说话，没人理他的时候会感到寂寞而哭闹。1个月的孩子，皮肤感觉能力比成人敏感得多，有时家长不注意，把一丝头发或其他东西弄到孩子身上刺激了皮肤，他就会左右乱动或者哭闹表示很不舒服。这时的孩子对过冷、过热都比较敏感，会以哭闹向大人表示自己的不满。它们的两只眼睛的运动还不够协调，对亮光与黑暗环境都有反应。1个月的孩子很不喜欢苦味与酸味的食品，如果给他吃，他会表示拒绝。

当2个月的宝宝听到有人与他讲话或有声响时，他会认真地听，并可以发出咕咕的应

和声，会用眼睛追随着看走来走去的人。

如果孩子满2个月时仍不会哭，目光呆滞，对背后传来的声音没有反应，应该检查一下孩子的智力、视觉或听觉是否发育正常。

3个月的孩子，视觉有了发展，开始对颜色产生了分辨能力，对黄色最为敏感，其次是红色，见到这两种颜色的玩具很快能产生反应，对其他颜色的反应要慢一些。这么大的孩子就已经认识奶瓶子了，一看到大人拿着它就知道要给自己吃饭或喝水，会非常安静地等待。听觉发展也较快，已具有一定的辨别方向的能力，听到声音后，头能顺着响声转动180度。

>> 全脑开发小贴士

教孩子辨认颜色的有效方法是通过对比过程，例如，教导孩子辨认深红色，便应把粉红色、浅红色等一一呈现。孩子通过这种对比过程，对于颜色的掌握更为有效。颜色的辨别能力，在我们日常生活中是非常重要的。我们常用不同的颜色，来代表不同的信息，例如，红灯代表停步，绿灯代表通行。所以，教孩子正确辨认各种颜色，是十分重要的。

心理发育

宝宝的本能就是会吸吮，吃饱后被竖直在妈妈的怀抱中轻轻地拍打后背，有时孩子会打几个嗝出来，之后他会有一种满足感。宝宝的心理健康发展，对今后人格健康的形成起着重要作用。通过以上与宝宝的交流，也正是触觉、动觉、听觉、视觉、平衡觉综合训练刺激的过程，为脑发育提供信息和促其发育的营养素。

对于刚出世的宝宝来说，除了吃奶的需要，再也没有比母爱更珍贵、更重要的精神营养了。母爱是无与伦比的营养素，这不仅是因为孩子从子宫内来到这个大千世界后感觉到了许多东西，更重要的是他们在心理上已经懂得母爱，并能用孩子的语言（哭声）与微笑来传递他的内心世界。宝宝最喜欢的是母亲温柔的声音和笑脸，当母亲轻轻地呼唤宝宝的名字时，他就会转过脸来看母亲，好像一见如故，这是因为孩子在子宫内时就听惯了母亲的声音，尤其是把他抱在怀中，抚摸着他并轻声呼唤着逗引他时，他就会很理解似的对你微笑。宝宝越早学会“逗笑”就越聪明。这一动作，是宝宝的视、听、触觉与运动系统建立了神经网络联系的综合过程，也是条件反射建立的标志。

交往的能力

新生宝宝和父母或看护人交往的重要形式是哭。正常新生宝宝哭有很多原因,如饥饿、口渴、尿布湿了,等等,还有在睡前或刚醒时不明原因的哭闹,一般在哭后都会安静入睡或进入觉醒状态。年轻父母经过2~3周的摸索就能理解小儿哭的原因,并给予适当处理。新生宝宝还用表情(如微笑或皱眉)及运动(如踢腿或挥手)等,使父母体会他们的意思。过去认为在父母和新生宝宝交往中,父母起主导作用,实际上是新生宝宝在支配父母的行为。

>> 好妈妈大讲堂

过了满月后,宝贝会通过笑、踢腿和挥手来表示烦恼、兴奋和快乐。特别是在3个月左右,会出现"天真快乐反应",也就是每当他看见妈妈时,不仅会专注地看着她的脸,手和脚也会高兴地乱踢乱蹬,并想咿呀学语地扑过去。这时妈妈就可以训练宝宝的交往能力。

1~3个月宝宝全脑开发营养方案

母乳是新生宝宝最好的天然食品。母乳不仅营养丰富，容易被宝宝消化吸收，而且含有多种免疫成分，所以，母乳喂养的婴儿不易得病。哺乳时母亲与婴儿直接接触，可促进婴儿的智能开发。母乳喂养具有很多优势，经济方便，温度适宜，不易过敏，并能加快母亲的子宫复原。所以在这个阶段母乳喂养是喂养婴儿的最佳选择。

母乳仍是宝宝的最佳营养

这个阶段的小宝宝消化吸收能力更强，宝宝的最佳食品仍是母乳。采取纯母乳喂养的妈妈在宝宝出生半个月时还没产生太多的母乳，到这个时期，已经逐渐增多。母乳量充足与否直接影响宝宝的生长发育。为了增加泌乳量，妈妈要注意自身的营养，生活要有规律。人工喂养的宝宝在保证每3小时1次，每次喂60~150毫升动物奶的前提下，应在白天2次喂奶中间适量添加温开水、菜汤、米汤等，每次30毫升即可。

妈妈的合理膳食直接影响到母乳的质量，因此，这个时期，妈妈不可对自己的饮食大意哦，特别是上班族妈妈，再也不能像以往一样，凑合一顿就行了，一定要摄取足量的营养元素。建议妈妈每天早上喝1杯果蔬汁，鲜榨的果蔬汁不但最大可能地保证了果蔬中的营养元素，而且，也便于妈妈轻松摄取维生素。

添加蔬菜水和新鲜果汁

一般要求宝宝在4个月时才可添加辅食，但为了减少添加辅食的难度，在2~3个月时就可以让他尝尝各种味道。蔬菜水和果汁是给宝宝增加维生素C的主要食品。由于各种乳品中维生素C的含量都不多，即便鲜牛奶，在煮沸的过程中，所含的维生素也会大量损耗，所剩无几。因此人工喂养和混合喂养的宝宝应添加蔬菜水和果汁，一方面可以补充牛奶中不足的营养成分，另一方面也可以为添加辅食做准备。一般每日两次，在两次喂奶之间喂。开始时可用温开水将蔬菜水和新鲜果汁稀释一倍，第一天每次 1 汤匙，第二天每次 2 汤匙……直至第十天，即 10 汤匙。等宝宝习惯后可以不用稀释。

2 个月左右的宝宝很喜欢喝果汁，而且给宝宝喝果汁还可以防治便秘。但要注意：

(1)宝宝不愿吃或吃了就吐时，不要勉强喂。

(2)腹泻时可暂时中止喂果汁。

(3)只要宝宝情绪正常，即使拉绿色大便也无妨，可继续喂。

常见的益智食品

(1)鱼类。鱼肉中富含蛋白质，如球蛋白、白蛋白、含磷的核蛋白，还含有不饱和脂肪酸以及钙、铁、维生素 B_{12} 等成分，它们都是脑细胞发育必需的营养物质。

(2)蛋类。鸡蛋中的蛋白质非常优良，而且吸收率高。蛋黄中的卵磷脂经肠道消化酶的作用，释放出胆碱直接进入脑部，与醋酸结合生成乙酰胆碱。乙酰胆碱是神经传递介质，有利于智力发育，改善记忆力。同时蛋黄中的铁、磷含量较多，均有助于脑的发育。

(3)动物的内脏。主要包括动物脑、心、肝和肾等。这些食物均含有丰富的蛋白质和脂类等物质，它们是脑发育所必需的物质。

(4)大豆及其制品。它们均富含优质的植物蛋白质即大豆球蛋白。大豆油还含有丰富的多种不饱和脂肪酸及磷脂，对脑发育有益。

给宝宝的一日膳食安排

母乳喂养和混合喂养的宝宝每 3 小时 1 次母乳或者配方奶，夜间减少 1 次，每次喂 75～160 毫升。人工喂养和混合喂养的宝宝可加少许温开水、蔬菜水、果汁、米汤等，在上午和下午2次喂奶中间各加用1次，每次50毫升。另外，每天1次给宝宝适量喂食鱼肝油。

>> 专家建议

产后30分钟尽可能给宝宝开奶，新生儿与妈妈同室同床，以便以不定时、不定量的哺乳原则按需喂养，使宝宝得到最珍贵的初乳。一般情况下，两个月以内的婴儿每隔3~4小时喂奶1次，一昼夜吃6~8次；3~4个月的婴儿每日喂6次左右；以后渐减。

1~3个月宝宝全脑开发训练

年轻的父母必须认识到孩子的早期教育应从零岁开始。刚来到世上的小宝宝，他能看、能听、能学习。新生儿在接受一系列间隔数秒钟的刺激时，如用手电反复照射睡着的新生儿的面部，第一次照射后反应强烈，表现皱眉、躯干扭动。但连续照射几次以后，他的反应逐渐减弱，最后消失。这种现象在心理学上称为习惯形成，这可能是人类最早的学习活动。所以对宝宝进行全脑开发是很有必要的。

语言能力训练

模仿面部动作

在婴儿情绪很好、很稳定的时候搂抱他，并在他面前经常张口、吐舌或做多种表情，使婴儿逐渐会模仿面部动作或微笑。

要注意的是不要做恐怖的表情，那样不利于婴儿的心理发育。刚出生不久的婴儿由于不会说话，在饥饿、口渴、闷热、寒冷、身体疼痛或生理上感到不舒服时，都以哭声吸引母亲的注意力，向母亲寻求帮助。

和宝宝玩拨浪鼓

拿一个拨浪鼓，在距离宝宝前方30厘米处摇动，当宝宝注意到鼓响时，对宝宝说："宝宝，看拨浪鼓在这儿！"宝宝的眼睛盯着鼓，张开手想抓鼓。休息片刻，在宝宝的后方，让宝宝看不到妈妈的脸，拿这个拨浪鼓摇动，稍停一会儿再问："拨浪鼓在哪里呢？"再分别将拨浪鼓慢慢移到宝宝能看到的左、右方摇动，注意观察宝宝的眼、耳和手的动作，看宝宝对声源方向的反应。

对宝宝发出的声音，给予不同的反应。家长对宝宝发出的声音，给予不同的反应，如亲切和蔼的言语、命令式的声音及激动的喊叫等，并使宝宝能对不同的声音有不同的回应。做过呼名胎教试验的宝宝在有人叫他名字时能回头寻找，并发出拖长的单元音或连续的两个音，如“啊咕”“啊呜”等，渐渐地能模仿大人的口型发出声音。这对宝宝练习发音，发展宝宝的语言能力很有帮助。

>> 爱心妈妈温馨提示

婴儿在有人逗他时，会发笑，并会发出“啊”“呀”的语音。发起脾气来，哭声也会比平常大很多。这些特殊的语言是孩子与大人的情感交流，也是孩子意志的一种表达方式，家长应对这种表示及时做出相应的反应。

给宝宝念儿歌

朗朗上口的儿歌会引起宝宝的兴趣，妈妈可以在宝宝一觉醒来的时候给宝宝念儿歌，儿歌容易刺激宝宝的大脑皮层，使宝宝记忆深刻。

逗宝宝发笑。尽早逗宝宝笑，给宝宝创造模仿学习的条件，当宝宝第一次出现逗笑时，切记记录下日期，宝宝学会在大人逗乐时报以微笑，与自己在睡觉时脸部肌肉收缩的笑不同。大人逗乐是一种外界刺激，宝宝以笑来回答，是宝宝学习的第一个条件反射。家长可以通过做出多种面部表情，如张嘴、伸舌、龇牙、鼓腮、微笑等，同时配合语言来逗引宝宝发笑。

>> 全脑开发小贴士

在宝宝啼哭之后，家长发出与宝宝哭声相同的声音。这时宝宝会试着再发声，几次回声对答，宝宝喜欢上这种游戏似的叫声，渐渐地宝宝学会了叫而不是哭。这对训练宝宝的语言能力有很大的帮助。

听觉能力训练

给宝宝听音乐

在新生宝宝清醒时，尤其是在吃奶时，家长可以让新生宝宝听音乐。家长把录音机的声音调小些，选择一些节奏缓慢、优美的音乐，但注意不要让新生宝宝听太多的曲子，而应经常放一些短小、悦耳的曲子。每天可以让新生宝宝听两三次。

给宝宝多说情景语言。妈妈也可以结合当时的情景，对新生宝宝讲一些情景语言。如新生宝宝吃饭时，可以说："宝宝吃奶，快长大。"宝宝睡醒了，妈妈可以说："宝宝醒了，看看妈妈。"另外，家长还可以给新生宝宝念一些有韵律的儿歌，同时观察新生宝宝对语言和儿歌的身体反应。不同的语言和儿歌不但可以训练宝宝的听觉，还可以诱发新生宝宝不同的动作和身体运动。总之，家长应利用各种机会与宝宝讲话，讲话的声音要轻，要有感情，这有利于增加亲子感情，激发新生宝宝愉快的情绪。

罐头瓶音乐玩具

准备几根细线，几个小罐头瓶。将罐头瓶穿一个孔，然后系上线，把几个罐头瓶连接在一起，并悬吊在宝宝能够到的空中。最好让宝宝参与整个制作过程。风一吹，或者轻轻一碰，罐头瓶就会相互触碰，发出叮叮当当的声音。

也可以让宝宝轻轻地碰触音乐玩具，然后引导宝宝听声音。宝宝对这样的新奇事物非常感兴趣，他会自己不停地触碰音乐玩具，使之发出声音，甚至会想办法让其发出不同的声音，从而满足自己的听觉需要。也可以用风铃代替。

>> 专家建议

父母可以制造一些适合宝宝听觉的声音。比如妈妈可以用有声响的玩具在宝宝身旁摇动，妈妈或爸爸在宝宝面前轻歌曼舞。宝宝会随着声音追视发出响声的地方。或者抓着宝宝的手，一起摇动会出声响的玩具，也可以在宝宝手腕上绑上一副摇铃，在锻炼宝宝听觉的同时，还有助于宝宝注意声音来源。训练宝宝的听觉要持之以恒，但不要无休止地训练，否则宝宝会失去兴致。

呼唤婴儿

妈妈(或爸爸)经常俯身面对婴儿微笑，让其注视自己的脸。然后，妈妈将脸移向一侧，轻声呼唤婴儿的名字，训练婴儿的视线随妈妈的脸移动。

通过呼唤婴儿可以增强母子(父子)间的情感联络。但是注意妈妈(或爸爸)呼唤婴儿的声音应柔美，切勿尖叫。

对宝宝说些“悄悄话”

当宝宝哭的时候，父母可以用亲切的声音对他说：“宝宝别哭了，爸爸妈妈在这儿呢。”说完观察宝宝的反应；在给宝宝喂奶的时候，轻轻叫宝宝的名字，反复对他说：“宝宝，妈妈来给你喂奶了。”不管对宝宝做什么，都要用温和、亲切的声音对宝宝讲些“悄悄话”。

视觉能力训练

七色光

在朝阳的窗户旁旋转一个分光棱镜，让彩虹中的七色光都呈现在地板上。当然，你要把宝宝放在能看见这些丰富色彩变化的位置。强烈的色彩对比和色彩运动将吸引宝宝的注意力，并能训练他的视力。

虫虫飞

父母抱着宝宝看着他的眼睛，慢慢晃动食指，放在宝宝眼前以引起他的注意。当宝宝注意食指时，父母将手指左右慢慢摆动，观察宝宝的眼睛是否也跟着指头的方向左右摆动。在摇动手指的过程中对宝宝说：“虫虫，虫虫飞。”刚开始，宝宝的眼睛跟着手指摆动的时间很短，如果每天坚持练习，宝宝就会不断地进步。

>> 好妈妈大讲堂

在宝宝吃饱后，清醒时，妈妈把各种常见的不同大小、形状、质地的物品拿给宝宝看，并告诉新生宝宝物品名称，可能的话还要拿着新生宝宝的手抚摸一下物品。这个训练可以在出生半个月后进行，可以锻炼宝宝的视觉能力，为宝宝手眼协调作准备，同时训练新生宝宝的注意力。

视力分辨与记忆

在宝宝卧位的上方，挂一些红色或绿色能发出响声的玩具。触动这些玩具，能引起宝宝的兴趣，使他的视力集中到这些玩具上。每次几分钟，每日数次。边说话边逗笑以缓解疲劳，使这种视力分辨与记忆训练成为快乐的活动。可以训练宝宝对事物的专注。

训练视听定向。在距宝宝眼睛 20 ~ 25 厘米处，爸爸妈妈将彩色带响声的玩具边摇边缓慢移动，宝宝的视线会随玩具移动。和宝宝面对面，待宝宝看清妈妈的脸后，边呼喊宝宝名字，边移动脸，宝宝会随着妈妈的脸和声音移动。可以促进宝宝视听识别和记忆的健康发展。

触觉能力训练

照镜子

父母抱着宝宝走到镜子前面，看着镜子中的宝宝，同时指着镜中的宝宝说“这是宝宝”“这是妈妈”“宝宝笑一笑”等。父母还可以自己对着镜子做动作，如拍拍宝宝，做笑脸、哭脸，也可以伸屈宝宝的胳膊，用宝宝的手指点镜子中宝宝的眼睛、鼻子或其他部位，让宝宝从镜子中观察。

>> 全脑开发小贴士

宝宝 2 ~ 3 个月时，手就有了抚摸动作，经常抚摸被褥、亲人、玩具，偶尔碰到什么东西就抓住不放，这时手的动作还不受意识支配，眼和手还不能配合，手的动作没有方向和目标。这一阶段可有意识地拉他的手，让他摸摸妈妈的手、脸、衣服或玩具等。

悬挂玩具

用悬挂的玩具或手拿玩具逗引宝宝，让宝宝用手触摸和抓握给他的玩具。妈妈将食指或拨浪鼓柄塞入宝宝手中使其握住，并能留握片刻。为了更好地训练手的活动，还可以准备一些抓握玩具，如摇铃、能捏响的软塑料或橡皮玩具，使其从抓、握开始，而后向摇、捏等动作的方向发展。2 个月的小宝宝天生非常喜欢看自己的小手，要给他创造条件，让宝宝有看自己的手、玩自己的手和吸吮自己的手的机会。不仅不能干涉，而且还可以在宝宝的手上拴块红布或戴个发响的手镯，激发他看手和玩手乐趣。

动作能力训练

给宝宝洗澡

给宝宝洗澡不仅会促进宝宝的新陈代谢和血液循环，让宝宝感到清爽舒适，如果方法得当，还能训练宝宝的四肢活动。

在给宝宝洗澡之前，可以和宝宝做一些训练四肢的游戏。先做上肢训练，父母一边喊口令一边做动作：握住宝宝的双手依次做屈肘、伸肘、上、下、内、外的动作，然后再握住宝宝的双脚依次做并拢、屈膝、伸直、外伸、上、下的动作，最后让宝宝俯卧，用手掌轻轻地在宝宝背部进行按摩。每次做2~3分钟，宝宝会感到很新鲜，并表现得很愉快。如果在这之前宝宝表现得烦躁和紧张，可以暂时停止训练。做完这套体操游戏，再给宝宝洗澡。

把宝宝放入浴盆中，让他躺好，父母可以用双手轻轻握住宝宝的脚或手，规律性地让宝宝的脚或手拍打水面。宝宝很喜欢玩水，所以给宝宝洗澡不仅会锻炼他的四肢，还会让宝宝心情愉快。

>> 专家建议

3个月的孩子，头能够随自己的意愿转来转去，眼睛随着头的转动而左顾右盼。大人扶着孩子的腋下和髋部时，孩子能够坐着。让孩子趴在床上时，他的头已经可以稳稳当当地抬起，下颌和肩部可以离开桌面，前半身可以由两臂支撑起。当他独自躺在床上时，会把双手放在眼前观看和玩耍。

抬头

竖抱抬头和俯卧抬头。经过训练，婴儿不但抬起头部观看前面响着的哗铃棒，而且下巴也能短时离床，双肩也能抬起来。

通过抬头训练开阔了婴儿视野，丰富了婴儿视觉信息，增强了婴儿颈部张力。但是要注意时间不宜过长，否则，婴儿会疲惫。

抓和蹬

在婴儿床的上方，悬挂一个彩色玩具，如哗铃棒、塑料小动物等，距离以婴儿伸出手可以触到为宜。妈妈轻轻晃动悬挂的玩具，逗引婴儿伸出手去抓，手抓的动作熟练以后，可以试着把玩具移到孩子脚部，让他用脚蹬一蹬。

开始时，妈妈应给婴儿一些帮助和引导，如抬起婴儿的小手去拿玩具，或有意地把玩具塞到婴儿手里，引起他抓拿玩具的兴趣。经过一段时间后，婴儿自己就能挥舞着小手去抓玩具了，这时妈妈应及时表扬他："好极了，抓着了。"激励婴儿抓玩具的积极性。

>> 爱心妈妈温馨提示

请记住，藏猫猫游戏你可以和宝宝玩很久，直到他周岁。所以，要逐渐地变化，如用手帕挡住宝宝的脸，过几秒钟移开那块手帕，说"妈妈在这里"，宝宝大些后，让他自己移开布就更好玩了。挡住洋娃娃的脸或在镜子前面玩都是个不错的主意。

社交能力培养

出声搭话

在婴儿情绪愉快时，父母可用愉快的口气和表情，或用玩具，让他发出"呃、啊"声，或"咯咯"的笑声，一旦逗引婴儿主动发声，父母就要富有感情地称赞他、亲热地抚摩他，以示鼓励，并与他你一言、我一语地"对话"，诱导孩子出声搭话。

爸爸妈妈要多逗乐宝宝。宝宝的社交活动从出生那一天就开始了，家长就是第一任社交对象。宝宝和家长形成什么样的关系，直接影响宝宝和其他人的交往模式以及形成什么样的关系。所以家长要多逗乐宝宝。

和小朋友一起玩

请一些2~5岁的小朋友来家里玩。小朋友们看见婴儿,会觉得非常惊奇和喜爱;婴儿看见这么多喜欢他的小哥哥、小姐姐,也会高兴得手舞足蹈,忙不迭地和他们"哦啊"谈话。

经常请小朋友来和婴儿一起玩,可以培养婴儿合群、开朗活泼的好性格。注意要时刻观察婴幼儿们的行为,以免互相误伤。

笑与条件反射

妈妈(爸爸)在婴儿面前走过或与婴儿玩耍时,轻轻抚摩或亲吻他的鼻子或脸蛋,并说"宝宝笑一个",也可用语言或带响的玩具引逗他,或轻挠肚皮,引发出"咯咯"笑声。

注意观察哪一种动作最易引起婴儿大笑,经常有意重复这种动作,使婴儿高兴而大声地笑。

>> 全脑开发小贴士

多与宝宝说话。多到宝宝跟前说话或引逗,让他高兴、愉快;或站在他面前,先看看他是否有兴奋得手脚乱动、发笑等反应,若无反应,则要做各种动作引逗他发笑。这个时期的宝宝会积极寻找大人,见人高兴,逗引发笑能培养宝宝愉快的情绪,促进宝宝社交能力发展。

情感培养

看脸谱

给婴儿看各种脸谱,如猫、狗、兔、猴及人物脸谱。婴儿喜欢看脸,看到这么多形形色色、色彩鲜艳的脸谱,婴儿会高兴得"咿咿呀呀"直叫,并伸出小手去摸。注意不要给婴儿看鬼神之类不健康的脸谱。

认识父母

依偎在宝宝身边,将脸靠近宝宝的脸,让宝宝的手摸父母脸的各部位。并对宝宝微笑,拍手,轻声呼唤宝宝的名字,有节奏地说:"看看我的嘴巴,听听我的声音,认识我是谁？我是你的妈妈（爸爸）。”

悄悄话促进母子感情

婴儿睡醒时，用缓慢、柔和的语调对婴儿讲些“悄悄话”，如：“噢，××（乳名）醒了，睡觉梦见妈妈了吗？”“××，我是妈妈，妈妈好爱你”等。每天2～3次，每次2～3分钟。

给婴儿听觉刺激，有助于婴儿早日开口说话，并促进母子的情感交流。注意对婴儿说话，最好用普通话反复和婴儿说，有条件的，可以同时用外语说同样的话。这样可以让婴儿储存标准、丰富的语音信息，可促进语言能力的发展。

>> 专家建议

在婴儿觉醒或和婴儿说悄悄话时，配以轻轻地抚摸皮肤。抚摸部位可以是头发、四肢、腿、腹部、背部、足背、手背、手指等。每天至少5～6次，每次3～5分钟，即每天15分钟以上，可以增进宝宝与妈妈的感情。

感觉能力开发

抓玩具

分别把不同质地的玩具放在婴儿的手中保留一会儿。如果婴儿还不会抓握，可轻轻地从指根到指尖抚摩他的手背，这时他的握持反射就会中断，紧握的小手就会自然张开。此时可把玩具塞到他的两只手里，并握住婴儿抓握玩具的手，帮助他抓握。

变色的世界

方法：父母准备一个万花筒或几块不同颜色的透明塑料或玻璃，晴天的时候带孩子到户外做游戏，把万花筒或彩色玻璃放在孩子的眼睛前，使其仰起头朝光线好的方向看去，孩子会看到不同色彩的世界。

需要注意的是此游戏应注意选择光滑无棱角的塑料、玻璃，注意安全，且玩的时间不宜过长。

握手指

把食指放在婴儿的手心让他抓握，并轻轻触动他的手向他“问好”，引起他的兴趣。待婴儿会抓后，父母再把手指从婴儿的手心移到手掌边缘，看他能否抓握。反复动作，直到熟练。

语言能力开发训练

悬挂的脸谱

妈妈可以舒服地抱着宝宝，拿着脸谱，跟宝宝讲：这是娃娃的眼睛、鼻子、嘴巴、耳朵等，同时告诉宝宝："看，娃娃很开心。"然后妈妈自己表情夸张地做给宝宝看，其他表情同样。这个游戏能给予宝宝语言的刺激，同时让宝宝知道人脸的结构。

无声的语言

在宝宝情绪好时，母子面对面，相距约 20 厘米，孩子会紧盯着你的脸和眼睛，当你们的目光碰在一起时，和孩子对视并进行无声的语言交流，即做出多种面部表情，如张嘴、伸舌、龇牙、鼓腮、微笑等。

学一学妈妈

妈妈和宝宝面对面，做出各种夸张的表情，如张嘴、吐舌头等，让宝宝模仿。边做动作边和宝宝"嗯、啊"地说。这种亲情互动的游戏，既让宝宝情绪愉快，又是一种很好的发声练习。

>> 好妈妈大讲堂

逗笑宝宝时，父母一定要记录下日期，作为宝宝心理发展的重要资料。宝宝在快乐的情绪中，各感官（眼、耳、口、鼻、舌、身等）最灵敏，接受能力也最好，最灵敏。过 7～10 天宝宝会笑出声音，这也是应该记录的日期。

感知能力开发

分辨形状

用不同颜色的电线（红、黄、蓝、绿）弯几个周长为60厘米大小的正方形、长方形和三角形，当婴儿“哼、哈”讲话时，大人举起来让他看清后说“这是正方形”“这是长方形”“这是三角形”，还可让小手拿一拿、攥一攥，多次反复刺激，直至长大一些会说会认了再增加新内容。

现代研究表明，婴儿在3月龄时已有分辨形状的能力，为此，早日发掘强化这方面的智能，逐渐通过可见形象物，熟悉抽象的数学概念，初步感知基本图形概念。注意接头处用胶布缠好，勿伤着婴儿皮肤。在婴儿拿时，由于小手还不那么听使唤，注意别让尖角扎碰脸部。

感知

继续让婴儿多看、多听、多摸、多嗅、多尝。如玩具物品应当轻软、有声、有色，让他能摸的都摸一摸，能摇动的都摇一摇；能发声的都听一听，如钟表声、动物叫声、风声、流水声等；结合生活起居自然地让他听音乐；让他闻闻醋，尝尝酸。

>> 全脑开发小贴士

对于出生1个月内的宝宝，训练他的全身触觉能力是十分重要的。触觉的正常发展，对于新生宝宝大脑的发展和全身动作的发展都是十分有利的，因此，家长在新生宝宝吃饱后清醒的情况下，尽可能与新生宝宝接触，如对他轻轻讲话、轻轻抚摸等。

1～3个月宝宝全脑开发游戏

智力游戏是孩子喜欢的众多游戏种类中的一种，被称为孩子的“智力体操”。经过智力游戏，可以达到帮助孩子认识事物、增长知识和发展智力的目的。随着人们对儿童早期智力开发的重视，儿童智力游戏也越来越被教育家们所推崇，并将其作为开发孩子智力的一个有效手段。

一动就响

游戏目的：激发孩子的自我意识。

游戏方法：妈妈用一宽布条，一端系在能发声响的玩具上，一端系在孩子的裤腿上。然后将玩具吊在床上方，孩子腿一动，玩具就发出声响。

用脚碰铃铛

游戏目的：锻炼宝宝腿部力量，为站立作准备。

游戏方法：将比宝宝的小床窄10～15厘米的硬纸板或三合板两边各穿一孔。拉线绑在小宝宝靠脚一头的床上，线上可系铃铛。让宝宝平躺在小床上，使得脚能够踢到硬纸板或三合板。当宝宝脚一蹬，铃铛便会发出声响，使宝宝不断地重复这个动作。

注意父母先拉着宝宝的脚去碰，然后让宝宝自己练习。当宝宝蹬到板子发出声响时，应该给宝宝以鼓励。

找妈妈

游戏目的:培养母子感情。

游戏方法:让孩子卧在床上,妈妈拿着色彩鲜艳的玩具,如花球,彩色的布娃娃等,放在孩子眼前30厘米处,让孩子注视玩具。片刻,将玩具移到一边,并对孩子说:"来,看这里,看这里。"训练孩子学习转头用眼睛找寻物品。

以后,妈妈可逐渐站在离孩子稍远的地方,摇动带声响的玩具,或轻声呼唤孩子的名字,引起孩子转头寻找妈妈。当孩子转头寻找到妈妈时,妈妈要夸奖他,亲亲他,以此来鼓励他。

蹦蹦跳

游戏目的:增加细小动作的协调能力。

游戏方法:将宝宝放在活动座椅上,面对厨房,以便你做饭时能吸引他的注意力,请注意椅子要能让宝宝身子往前挪,并在椅子上放一些能发声的小玩具,这会引起宝宝的注意。这种身体活动能增强腿部力量,为行走做好准备,玩具能增强他抓握物体等细小动作的协调能力。

抓握物品

游戏目的:提高手眼协调能力,锻炼手部肌肉的灵活性,促进宝宝大脑发育。

游戏方法:让宝宝坐在妈妈大腿上,妈妈用一只手托住宝宝后背和脖子,将另一只手的食指伸进宝宝的手心,让宝宝抓握。当宝宝成功地握住妈妈的手指后,妈妈一边跟宝宝温柔地说话,一边将手指抽出来,反复和宝宝游戏。等宝宝学会成功地抓握妈妈的手指后,妈妈可以尝试将手举在宝宝视线范围内,然后慢慢地移动手，逗引宝宝追视，再将手指伸入宝宝手心，锻炼宝宝的手眼协调能力。

看看是什么

游戏目的：发展知觉与注意力。

游戏方法：用硬纸片画黑白线条，或几何形状，孩子此时对黑白反差大的图片更有兴趣。将图放在距孩子眼睛 20～30 厘米处，让孩子注视数秒。

>> 专家建议

在与宝宝的交流中，千万不要忽视爸爸的作用。爸爸和宝宝交流的风格常常不同于妈妈。妈妈可能更多地使用语言、温柔地抚触来和宝宝交流，爸爸则更爱在嬉玩中与宝宝交流。爸爸的拥抱能使宝宝感受到爸爸有力的臂膀是他安全的港湾。因此，作为父亲一定要抽出时间多与宝宝亲密接触，爸爸才会真正感受到宝宝与自己是联系在一起的，感情共鸣会渗透在父子之间。

摇呀摇

游戏目的：发展宝宝的平衡能力。

游戏方法：父母可把宝宝床脚垫高，让宝宝仰卧或俯卧在床上，随着年龄增长可让宝宝坐或站在床上，然后轻轻地摇动。还可将宝宝床挂在门栏上做成秋千前后左右摇动。每天进行 2～3 次，让宝宝躺在摇篮中摇动，是发展平衡能力的很好方法。有研究表明，自从摇篮消失后，宝宝的平衡能力普遍下降，因此不要认为摇篮是古老的用品，并认为经常摇动宝宝会养成不摇就哭的坏习惯，而放弃这种发展宝宝平衡能力的好办法。

找小鱼

游戏目的：让宝宝学习控制躯干，为爬的动作做准备。

游戏方法：宝宝仰卧时，将宝宝左腿放在右腿上，托住其腰部，使腹部侧转逐渐加大幅度，使肩也随之侧转，直到将宝宝推成俯卧姿势。用玩具——色彩鲜艳的小鱼模型在宝宝的一侧运动，吸引宝宝俯卧片刻，再将其翻回来，玩具放在宝宝身体另一侧，用同样的方式帮助宝宝翻过身，把玩具小鱼作为奖励。游戏只有在宝宝能够俯卧抬头45度时方可进行。

智力测试

1. 宝宝在听父母说出不同物体名称的时候：

A. 宝宝没有看物体(0分)

B. 宝宝对一种物体有反应，眼睛会看向物体的方向(5分)

C. 宝宝对两种物体有反应，眼睛看向物体的方向(10分)

D. 宝宝对两种物体有反应，并会用手指着物体(16分)

计分：此题得10分为合格。

2. 宝宝在平躺时：

A. 宝宝的手还抓不到自己的脚(2分)

B. 手可以抓到脚，相互玩耍，不会往嘴里放(8分)

C. 宝宝的手可以在身体两边抓到脚，把脚放到嘴里(10分)

D. 宝宝的手可以抓到脚，并将脚直接放到嘴里(12分)

计分：此题得10分为合格。

3. 握东西：

A. 宝宝五个手指向一个方向抓取东西(3分)

B. 宝宝用五个手指相对握着东西(5分)

C. 宝宝两只手可以拿两种东西(10分)

D. 宝宝两只手只会拿两种东西，并且对敲(12分)

计分：此题得10分为合格。

4. 拿玩具：

A. 宝宝扔掉手中的东西拿另一样东西(6分)

B. 宝宝在拿东西时，将手中的东西暂时放到胸前(10分)

C. 宝宝可以把玩具从一只手传递到另一只手中(12分)

计分：此题得10分为合格。

5. 父母背儿歌的时候：

A. 宝宝跟着笑(5分)

B. 宝宝随着节奏动，跟不上节奏(8分)

C. 宝宝只可以做一种动作(10 分)

D. 宝宝听到其中一句就会做准备,会随着节奏扭动(12 分)

计分:此题得 10 分为合格。

6. 宝宝可以发几个如“爸爸、妈妈、打打”等双辅音:

A. 宝宝可发出 1 个辅音(5 分)

B. 宝宝可发出 2 个辅音(7 分)

C. 宝宝可发出 3 个辅音(10 分)

D. 宝宝可发出 4 个辅音(13 分)

计分:此题得 10 分为合格。

7. 看到陌生人时:

A. 对陌生人没有反应(4 分)

B. 会注视着陌生人(6 分)

C. 会躲进妈妈怀里或者把身体藏在妈妈身后(8 分)

D. 会躲进妈妈怀里,并探出头观察这个人(10 分)

计分:此题得 8 分为合格。

8. 宝宝照镜子时,用手摸镜子、用头碰镜子、和镜子中的宝宝说话或者笑:

A. 宝宝可以做到 1 项(3 分)

B. 宝宝可以做到 2 项(6 分)

C. 宝宝可以做到 3 项(12 分)

D. 宝宝以上 4 项都可以做到(15 分)

计分:此题得 12 分为合格。

9. 宝宝在排便前:

A. 宝宝没有表示(2 分)

B. 宝宝会用动作示意父母(6 分)

C. 宝宝能出声示意父母(8 分)

计分:此题得 6 分为合格。

10. 宝宝吃固体食物时:

A. 宝宝根本不吃固体食物(0 分)

B. 宝宝会缓慢吞咽食物(4 分)

C. 宝宝可以自己拿食物吃,有时会掉下来(8 分)

D. 宝宝可以自己拿食物吃,并会把掉下的食物捡起来(10 分)

计分:此题得 8 分为合格。

11. 宝宝趴在床上,上身抬起时:

A. 宝宝能在床上转 90 度(2 分)

B. 宝宝能在床上转 180 度(4 分)

C. 宝宝能在床上转 360 度(6 分)

D. 宝宝向前匍匐前行(10 分)

计分:此题得 6 分为合格。

12. 让宝宝托胸俯卧时:

A. 宝宝的下肢会下垂(2 分)

B. 宝宝的下肢可以弯曲(8 分)

C. 宝宝的头、下肢和躯干会持平(10 分)

D. 宝宝的头抬起,下肢和躯干持平(12 分)

计分:此题得 10 分为合格。

测试分析:第 1 题测试宝宝的认知能力;第 2 ~4 题测试宝宝;第 5 ~6 题测试宝宝的语言能力;第 7 ~8 题测试宝宝的社交能力;第 9 ~10 题测试宝宝的自理能力;第 11 ~12 题测试宝宝的肌肉运动能力。统计宝宝的全部分数,将其相加后,得出以下结论:

110 分以上:优秀。

70 ~110 分:正常。

70 分以下:暂时落后。

4~6个月宝宝全脑开发

4~6 个月宝宝发育特点

这个时期的孩子在语言发育和感情交流上进步较快。高兴时，会大声笑，声音清脆悦耳。而且对周围的事物有较大的兴趣，喜欢和别人一起玩耍。能识别自己的母亲和面庞熟悉的人，以及经常玩的玩具。这个阶段父母要注意宝宝的全脑开发训练。

动作发育

4~6 个月的宝宝可以自由翻身，并且上肢可以支撑起上半身。可用双手扶住奶瓶吃奶，可以较长时间地玩弄挂在胸前的玩具，玩自己的手和衣服。会随口令握住大人的食指坐起，头伸直后不会后仰也不会前垂，脚能抬高，能蹬去盖在身上的被子，可以试坐，能将头转向讲话的人。喜欢吃自己的小拳头，或是拿着东西往嘴里放。可以把玩具从一只手成功地换到另一只手上玩。如果有人在宝宝的背后叫他的名字，他会转过头来看。大人扶着宝宝站立时，两腿会做跳的动作，并有爬的愿望。

语言能力

可以和妈妈对话，两人可以无内容地一应一和地交谈几分钟。孩子自己独处时，可以大声地发出简单的声音，如“ma”“da”“ba”等。妈妈和孩子对话，增加了婴儿发声的兴趣，并且丰富了发声的种类。因此，在孩子咿咿呀呀说话的时候，妈妈要与他一起说，让他观察妈妈的口型。耳聋的孩子也能发声，后来正是因为他们听不到别人的声音，不能再学习，失去了发声的兴趣，使语言的发展出现障碍。

感觉能力

孩子会用表情表达他的想法，能辨别亲人的声音，能认识母亲的脸，能区别熟人和陌生人，会不让生人抱，对生人躲避，也就是常说的"认生"了。孩子这时的视野扩大了，对周围的一切都很感兴趣，妈妈可以有意识地让孩子接触各种事物，刺激他的感官发育。

孩子能比较精确地辨别各种味道，对食物的好恶表现得很清楚。能够注视较远活动的物体，如汽车等。能静静地听他喜欢的音乐，对自己的名字有应答的反应，喜欢带声音的玩具。

>> 全脑开发小贴士

宝宝已经能够区别亲人和陌生人，如果和他玩藏猫儿的游戏，他会很乐意玩的。这时的宝宝会用不同的方式表示自己的情绪，如用哭、笑来表示喜欢和不喜欢。父母要了解一些宝宝哭笑的含义。

4 个月的孩子对周围的事物有较大的兴趣，喜欢和别人一起玩耍。能识别自己的母亲和面庞熟悉的人，以及经常玩的玩具。

视觉能力

孩子对于前一阶段培养的观察附近环境的兴趣得到进一步提高，凡是他双手能触及的物体，他都要用手去摸一摸；凡是他双眼能见到的物体，他都要仔细地瞧一瞧（不过，这些物体到他身体的距离须在 70 厘米以内），由此证明，孩子对于双眼见到的任何物体，他都不肯轻易放弃而主动摸索。

维生素 A 并非吃得越多就对眼睛越好，临床上常遇到维生素 A 过多症，表现为食欲不振、头疼、视物模糊，更严重者为皮肤泛黄、头发脱落、骨头发脆，甚至诱发药源性肝炎。为确保安全，需多补充维生素 A 时，应先去医院诊疗。

掌握婴幼儿情商特点

较高水平的情商,有助于孩子创造力的发挥,它是所有学习行为的根本。一项研究表明,要预测孩子在幼儿园、学校表现的标准,不是看小孩子积累了多少知识,而是看其情感与社会性的发展。一般来讲,高情商的孩子有以下特点:

(1)自信心强

自信心是任何成功的必要条件,是情商的重要内容。自信是不论什么时候有何目标,都相信通过自己的努力,有能力和决心去达到。

(2)好奇心强

对许多事物都感兴趣,想弄个明白。

(3)自制力强

即善于控制和支配自己行动的能力,有时是善于迫使自己去完成应当完成的任务,有时是善于抑制自己不当行为的发生。

(4)人际关系良好

指能与别人友好相处,在与其他孩子相处时积极的态度和体验(如关心、喜悦、爱护等)占主导地位,而消极的态度和体验(如厌恶、破坏等)少一些。

(5)具有良好的情绪

情商高的孩子活泼开朗,对人热情、诚恳,经常保持愉快。许多研究与事实也表明,良好的情绪是影响人生成就的一大原因。

(6)同情心强

指能与别人在情感上发生共鸣,这是培养爱人、爱物的基础。

心理发育

4 个月的孩子喜欢父母逗他玩,高兴了会开怀大笑,会自言自语,似在背书,咿呀不停。会听儿歌且知道叫什么名字。能够主动用小手拍打眼前的玩具,见到妈妈和喜欢的人,知道主动伸手找抱。对周围的玩具、物品都会表现出浓厚的兴趣。

6 个月的孩子的睡眠明显减少了,玩的时候多了。如果大人用双手扶着宝宝的腋下,孩子就能站直了。6 个月的孩子可以用手去抓悬吊的玩具,会用双手各握一个玩具。如果你叫他的名字,他会看着你笑。在他仰卧的时候,双脚会不停地踢蹬。

这时的孩子喜欢和人玩藏猫猫、摇铃铛，还喜欢看电视、照镜子，对着镜子里的人笑，还会用东西对着镜子敲。

家长可以每天陪着宝宝看周围世界丰富多彩的事物，你可以随机地看到什么就对他介绍什么，干什么就讲什么。如电灯会发光，音响会唱歌，编讲故事等。各种玩具的名称都可以告诉宝宝，让他看、摸，这样坚持下去，每天 5 ~ 6 次。开始的时候，孩子学习认一样东西需要 15 ~ 20 天，学认第二样东西需要 12 ~ 16 天，以后就越来越快了。家长注意不要着急，要一样一样地教，还要根据宝宝的兴趣去教。

>> 好妈妈大讲堂

情绪是宝宝的需求是否得到满足的一种心理表现。宝宝从出生到 1 岁，是情绪的萌发时期，也是情绪、性格健康发展的敏感期。父母对宝宝的爱、对他生长的各种需求的满足以及温暖的胸怀、香甜的乳汁、富有魅力的眼光、甜蜜的微笑、快乐的游戏过程等，都为宝宝心理健康发展奠定了良好基础，为其智力发展提供了广阔的课堂。

4～6个月宝宝全脑开发营养方案

随着宝宝月龄的增长，消化器官及其功能的不断完善，胃容量的逐渐增大，消化酶的日益完善，活动量的增多等，乳类作为宝宝的主要食品，已难满足宝宝生长发育的需要。所以，无论母乳喂养、混合喂养，或人工喂养的宝宝均需补充辅助食品。这时逐渐增加辅助食品，可训练宝宝咀嚼动作，促进牙齿生长，锻炼吞咽能力。

添加辅食的学问

1. 添加辅食的原则

(1)由稀到稠(从汁到泥，由米汤到稀粥，由蔬菜水果到肉类)。

(2)由少到多。

(3)由细到粗。

(4)由一种到多种。

2. 添加辅食须知

(1)添加辅食的主要目的是让宝宝习惯由流质食物过渡到半流质、固体食物，这是一个循序渐进的过程，因此在开始阶段不必非要吃很多，要让宝宝慢慢习惯。

(2)宝宝对细菌的抵抗能力差。制作辅食时必须特别注意卫生，手要干净，原料要新鲜，做出后尽早喂，如果宝宝不吃，不可放到第二天喂食。

(3)喂辅食要灵活。每个宝宝因自身的身体状况及发育情况不同，会有很大的个体差异，因此他们的食欲、对味的喜好及食量都不同，在喂食的过程中一定要尊重宝宝的食欲和爱好。

(4)专门给宝宝制作食品。为宝宝制作辅食的过程中不要添加味精和过多的食盐，宝宝患病时，应暂缓添加。

(5)在喂蔬菜水及果汁时，应使用小匙添加，不要使用橡胶乳头，以免给宝宝造成乳头错觉。

>> 专家建议

4个月宝宝的体内，铁、钙、叶酸和维生素等营养元素会相对缺乏，有些代乳品已经不能完全满足其生长需要，因此对辅食提出了更高的要求。此阶段不提倡继续纯母乳喂养。但对人工喂养具有辅食添加指征的孩子应适当增加淀粉类和富含铁、钙的食物。

4~6个月宝宝全脑开发营养食谱

西红柿汁

【原料】西红柿1个，白糖10克，温开水适量。

【制作方法】

(1)将成熟的新鲜西红柿洗净，用开水烫软后去皮切碎，再用清洁的双层纱布包好，把西红柿汁挤入小盆内。

(2)取西红柿汁，将白糖放入汁中，再用适量温开水冲调后即可饮用。

山楂水

【原料】山楂片100克，白糖20克，开水300克。

【制作方法】

(1)将山楂片用凉水洗净，放入盆内。

(2)将开水沏入盆内，盖盖儿闷上，至水温下降到微温时，把山楂水滗入杯中，加入白糖，搅至白糖溶解，即可饮用。

黄瓜汁

【原料】黄瓜半条。

【制作方法】

(1)将黄瓜去皮,用擦菜板擦好。

(2)用纱布挤出汁液来,稍加温后饮用。

鱼肉末

【原料】净鱼肉 100 克(鲤鱼、草鱼均可),精盐 1 克。

【制作方法】

(1)将鱼肉去皮、去骨刺,放入盘内,上锅蒸熟。

(2)将鱼肉取出捣烂,加少许盐拌匀即成。

(3)同烂米粥或面片一起食用。

【营养功效】鲤鱼含丰富的蛋白质、脂肪、糖类、钙、磷、氨基酸、肌酸、烟酸、维生素 A、维生素 B_2、维生素 C 及组织蛋白酶 A、B、C。鲤鱼中所含 10 余种氨基酸,以谷氨酸、组氨酸最为丰富。婴儿食用能摄入良好的蛋白质,有助生长发育,尤其是大脑的发育,还可预防营养性水肿。

4～6个月宝宝全脑开发训练

这个阶段宝宝更乐于与人接触、交流，表达能力在发展，并爱与熟人“交流”，开始发辅音，嘴中开始喃喃作响，已接近日常语言，并能区分男女的不同嗓音。在这一时段，父母一定要科学地开发宝宝的大脑。

语言能力训练

叙述与解释

父母利用每个机会讲解正在发生的事件。如路旁的风景、换尿布。大量、高质量的话语最有利于宝宝口头语言的发展，有利于宝宝将物体、行为与词语联系起来。

养成和宝宝交谈的习惯

养成与宝宝交谈的习惯，见到什么就对宝宝说什么，干什么就讲什么。每次吃奶后，可以一边将宝宝扶起拍拍后背，一边对他说：“宝宝，吃饱了吗？”“好吃吗？”“香不香？”在换尿布时和他说：“宝宝尿湿了，不舒服吧？”尽管宝宝不明白这些话的意思，但宝宝会和着妈妈的声音，嘴里发出“啊”“喔”等音来，这能培养宝宝日后优秀的语言素质。

训练宝宝发音

拿一个带响的玩具，一边逗他玩，一边喊：“宝宝拿住。”同时拉着宝宝的手让他握住玩具，能激发宝宝自发地连接两个不同的单音。在宝宝床上悬挂一个较大的、能发声的塑料娃娃，宝宝仰卧在床上，要让宝宝的手脚都能碰到玩具。要逗引宝宝抓、蹬和发声，注意宝宝能否发出“m–a”“n–a”等的近似音并作记录。这个方法能给宝宝足够的语言刺激，提高宝宝的语言能力。

>> 好妈妈大讲堂

随着宝宝与外界接触的增加，与亲人交往的增加，其发音反应越来越强烈，此时已不是单独的元音或辅音，而是发出一些音节。父母要有意识地教宝宝一些音节的发音，如“ba–ba”“ma–ma”等。宝宝可以清晰地模仿这些音，但是不含任何意义。这时父母在宝宝发音时应给予应答的鼓励，使宝宝建立此音与实际意义的联系。为宝宝有意识地叫爸爸、妈妈打下基础。

社交能力训练

照镜子

妈妈抱婴儿到穿衣镜前，让他追随、拍打镜中人影，用手指着他的脸反复叫他的名字，再指着他的五官（不要指镜中的五官）以及头发、小手、小脚，让他认识，熟悉后再用他的手指点他身体的各个部位，还可以问“妈妈在哪里？”（让他朝妈妈看或抓镜中的妈妈），用他的手指着自己说“妈妈在这里！”逐渐地他就会朝着妈妈看或抓镜中的妈妈。

>> 爱心妈妈温馨提示

如果宝宝的习惯一直戒不掉，父母可能会很担心。其实不用刻意禁止已经养成的习惯，因为戒不掉这些习惯对于多数孩子的日常生活完全没有影响，有的只是外观上的不好看。如果这些习惯是孩子的自信心来源，或许等时间到了，孩子自然会不喜欢，因为对于孩子来说，这些东西是他所能掌控的。

让宝宝与他人亲近

4个月的宝宝有和别人亲近的欲望。当宝宝看到自己认识的人时，能够主动向对方微笑示好。这时妈妈要有意识地培养宝宝的社交能力。

妈妈可以常常带宝宝去人多的地方玩耍，让宝宝多看看小朋友在公园玩滑梯或互相追逐打闹的场面，让他在远处看一会儿后再走近小朋友。如果宝宝对着小朋友笑，则表示宝宝很喜欢让小朋友接近他，这时可以让宝宝和小朋友握一下手。

如果宝宝在走近小朋友时会趴到妈妈怀里，则说明宝宝有些害怕，这时妈妈只要带着宝宝在旁边观看就可以，等宝宝露出笑容时，再让宝宝和其他小朋友接近。

当有人逗宝宝时，妈妈要鼓励宝宝多对别人笑，当宝宝对别人笑或发出声音时，妈妈要及时夸奖。妈妈在平时要经常和宝宝交流，才能让宝宝体会到与人交流的乐趣，经常听妈妈讲话的宝宝，即使妈妈不在身边时，也喜欢咿咿呀呀地自己说话或大声叫，希望有人来和他说话。

视觉能力训练

让宝宝追视手电的光亮

4 个月的宝宝看东西时已经有所选择了，他们爱看自己喜欢的东西，灯光就是其中之一，这时的宝宝都喜欢追着能发光的物体看。

在傍晚的时候，妈妈可以竖抱着宝宝，打开手电筒，让手电筒的光亮在墙上大幅度移动，这时宝宝会全神贯注地盯着光亮看，而且视线也会随着光亮的移动而转动，面部还会有惊奇的表情，随后就会出现欣喜的表情。这时妈妈可以和宝宝说“快抓住它”之类的话，并做一些丰富的表情逗宝宝笑。如果妈妈傍晚没时间，白天用镜子折射出来的阳光也可以取得同样的效果。训练宝宝追着移动的光亮看，可以使其视觉更加灵敏。

推车上的万花筒

在宝宝推车的支架上裹一些毛质物体，系上些环状物，将手推车设计成一个活动中心。手推车上的东西就像童床体操馆一样，有助于宝宝形成实物观念，同时能训练他眼睛的跟踪能力。

视线转移训练

让宝宝的视线从一个人(或物)转移到另一个人(或物)上,或者在宝宝注视一个物体或人脸时,让其迅速移开,用声音或动作吸引宝宝视线转移。宝宝最喜欢观看疾驰的汽车、飞的鸟儿、奔跑的猫。应经常让宝宝到户外观察活动的物体,训练宝宝的视觉功能从而提高其适应能力。

>> 全脑开发小贴士

4~6个月的宝宝对自己看到的东西全都感兴趣,不停地凝视,甚至伸手把东西拿到眼前观察——此种动作不断反复,但是6个月的视力仍然非常弱,只有0.2左右,到3岁才能达到1.0。

听觉能力训练

有计划地让婴儿听音乐

婴儿一般都比较喜欢柔和的音乐,5个月大的婴儿对音乐更能表现出特殊的爱好并能配合音乐节奏摆动四肢,也就是说,他已具有音乐记忆力,并对音乐有了初步的感受能力。所以,从这个月开始,就要有目的、有步骤地让婴儿欣赏音乐。

(1)让婴儿反复听某一乐曲,增强婴儿的音乐记忆力。

(2)给婴儿听模仿动物的叫声和大自然中某些声响的音乐。可用画有单个物体的彩色图片或实物配合,引起他的兴趣和调动他舒畅的情绪,做到声、物、情融为一体。

用回声引导宝宝"说话"

在宝宝哭过后,妈妈可以发出和宝宝相同的声调,这时宝宝也会跟着妈妈发音,经过几个回合后,宝宝会喜欢上这种回声的学习,宝宝也慢慢地由哭变成了叫。这时妈妈可以用"啊"的声音代替学宝宝的哭声,和宝宝进行对答,宝宝也会和妈妈一样,发出类似"咿"或"噢"的声音。

>> 爱心妈妈温馨提示

4个月左右的宝宝可辨别声音的方向,呼唤他的名字,他便立即转向发声处。5个月后,能区分母亲和陌生人的声音。6个月左右可以听到自己的声音,同时会发音,并能以声音取乐。

让宝宝听婴儿录音带

4个月的宝宝会出神地聆听周围发出的一些声音。并且会主动寻找声源，还会模仿周围的声音。这时妈妈可以让宝宝多听婴幼儿的录音带，这样可以锻炼宝宝的听力。妈妈在为宝宝放录音带时，可以配上图片或玩具等具体的东西，这样还可以帮助宝宝识物。

配合音乐，提高宝宝的韵律感

妈妈可以在音乐的节律下，托着宝宝的腋下，将宝宝悬空提起，这时宝宝通常会自己使劲，努力配合音乐的节奏摆动身体，等宝宝摆动身体的节奏跟上音乐的节奏时，妈妈还可以让宝宝随着音乐的节奏旋转，使宝宝的韵律感增强。妈妈也可以在宝宝躺在床上时给宝宝播放他喜欢的儿歌，让宝宝随着儿歌感受节奏。妈妈站在宝宝面前，握着宝宝的小手，随着节奏让宝宝自己用力坐起来，然后再把宝宝轻轻推回去躺下，如果妈妈的动作有节奏感，宝宝很快就可以感受到儿歌的韵律，自己扭动起来了。

>> 专家建议

宝宝都是喜欢音乐的，所以妈妈可以多给宝宝听一些音乐，以提高宝宝的韵律感。妈妈可以让宝宝安静地躺在床上，反复地听某一首曲子，这样可以增强宝宝对曲子的记忆力，然后妈妈在旁边观察宝宝听音乐时的表情。最好给宝宝选择轻柔欢快的曲子或古典音乐，每次放音乐的时间在3~5分钟。

动作能力训练

训练宝宝做仰卧拉坐

在宝宝4个月的时候，父母可以有意识地训练宝宝的仰卧拉坐能力，宝宝坐着不但有利于其脊柱的发育，还会让宝宝保持平衡，而且宝宝能接触到许多以前拿不到的东西，对其感知能力的提高也很重要。

每天和宝宝玩拉坐的游戏可以锻炼宝宝的坐卧能力，在玩游戏时，让宝宝平躺在床上，父母拉着宝宝的双手或者把双手放在宝宝腋下，面对着宝宝进行拉坐训练，轻轻地让宝宝从仰卧姿势变成坐的姿势，然后再轻轻地让宝宝躺下。在拉坐时要不断和宝宝说话，如“一二三，宝宝快起来”让宝宝在欢乐的气氛中得到锻炼。经过重复练习后，父母只需稍微用力，宝宝就可以借力或自己坐起来。在刚刚进行这项锻炼时，宝宝的身体可能会晃动，但过不了多长时间，宝宝的腰就可以挺直了。开始的锻炼时间可以控制在 5 分钟内，以后可以慢慢延长到 15 分钟。

双手支撑练习

在宝宝 4 个月大时，可以让婴儿趴在床上或铺有草席或地毯的地上，在婴儿头侧用不倒翁或有声音的玩具逗引，让婴儿先用肘撑起，大人再把玩具从地上拿起来，逗引婴儿抬起上身。婴儿会把胳臂伸直，胸脯完全离开床铺，上身与床铺呈 90 度。有时婴儿的一只胳臂用手撑，另一只胳臂用肘撑，身体不平衡歪向肘撑的一侧，从肘撑的一侧翻滚呈仰卧。此时并不是婴儿有意做 180 度翻身，是无意的因重心不稳而偶然翻过去的，这种过大的翻动如同跌倒一样会使婴儿感到不安。所以如果婴儿只用一只手去支撑身体时，大人可以帮助他将另一只手也撑起来，使身体重心平衡，巩固俯卧双手支撑的练习，使婴儿感到安稳和愉快。婴儿俯卧用手撑起时，头可以看得更高更远，使婴儿的视觉开阔。这种姿势不但可以练习颈肌，还可以练习上肢和腰背的肌群使之强健，为以后爬行做好准备。

>> 爱心妈妈温馨提示

宝宝运动时的衣服要吸汗、舒适。如果担心宝宝在激烈运动时滑倒，可以事先给孩子穿上袜底附有塑胶颗粒的止滑袜。运动后别忘了喝点水，以补充流失的水分。还要记得及时换下浸渍了汗液的衣衫，免得受凉。

让宝宝自己扶奶瓶

4个月的宝宝手部的肌肉已经开始发育了，喜欢用手去探索发现，用手触摸东西，这时要多锻炼宝宝的手部肌肉，让宝宝在生活中多用手进行活动，以锻炼宝宝的协调能力。

宝宝在吃奶或喝水时，妈妈不要全部代劳，可以把宝宝的手放在奶瓶上，宝宝自然会条件反射地想要抓住奶瓶，这时妈妈可以让宝宝自己扶着奶瓶吃奶，妈妈可以帮助托着奶瓶底部，这样既让宝宝有了与以往不同的触觉体验，又锻炼了宝宝手部的肌肉。还增强了宝宝手眼配合的协调性。

情感培育

十字架，苹果酱

将宝宝面朝外，用手指在他背上画大"X"，慢慢地向上移动。你的手臂围抱着他，并向他的脖子轻轻吹气，同时在他周身挠痒，一边念口令"十字架，苹果酱，蜘蛛抓在后背上；凉风吹，掐得紧，叫你不住打喷嚏！"这个游戏既有利于情感联系，又有利于体质发育。

骑大马

让婴儿面对妈妈骑在妈妈膝头，妈妈将双腿有节奏地上下颤动，一边颠一边说："骑大马，呱嗒嗒，一跑跑到外婆家，见了外婆问声好，外婆对我笑哈哈。"

培养婴儿的语感和节奏感，还可以引起婴儿欢乐的情绪。可以反复地玩，婴儿很感兴趣。

坐"飞船"

在婴儿情绪愉快时，爸爸与婴儿面对面，扶婴儿腋下站立，然后把婴儿往上举过自己的头顶，反复几次。也可把婴儿从爸爸身体的左侧向右上方举，再从右侧往左上方举，反复几次，边举边说："宝宝坐飞船，飞船开喽！"不能将婴儿抛过头顶再接住，这样会增加婴儿患脑震荡的概率。

>> 好妈妈大讲堂

轻轻一个拥抱,传达的是无限的关怀,是无声的"我爱你"。研究发现温柔的抚触拥抱,可以让宝宝变得较健康、较活泼,情绪也较稳定。对于大人而言,拥抱也能让人减轻压力,抚平不安的情绪。

辨别高、低音游戏

播放有明显高低音区别的曲子,父母抱着宝宝倾听,当听到音乐中的高音时,父母把宝宝高高举起,口中可以说:"高起来了,宝宝也高起来了"。当听到低音处时,父母就把宝宝放低,口中说:"低了,宝宝也低了",重复进行。

每次进行时,要先使宝宝留意听音乐,感受到宝宝在听音乐时,再将他举高放低,让宝宝在运动中去感受音的高低变化。

"举高"训练

宝宝喜欢让爸爸"举高",然后再"放低",爸爸一面举一面说,以后每当对宝宝说"举高"时,宝宝会将身体向上作相应的准备。在做举起和放下动作时,要将宝宝扶稳,千万不要做抛起和接住的动作,以免失手让宝宝受惊或受伤。它可以帮助父亲和宝宝建立亲密关系,激发宝宝的愉快情绪。

记忆能力开发

有计划地念儿歌

4 ~6 个月的婴儿特别喜欢节奏明快的儿歌，虽然他还不懂儿歌或诗词的意思，但他喜欢你给他念儿歌时亲切而又丰富的表情、口形和动作。

适合这个月龄念的儿歌应短小、朗朗上口，并做一种固定的动作，如《甜嘴巴》:(用手指婴儿的小嘴巴)“小娃娃，甜嘴巴，喊完妈妈，喊爸爸，喊得爷爷笑掉牙。”

每天至少要给婴儿念 1 ~2 首儿歌，每首儿歌至少要念 3 ~4 次。应当根据婴儿的日常活动并配以固定的丰富的表情和动作，使婴儿做到耳、眼、手、足、脑并用，更有效地学习和记忆。

在镜子中，让宝宝识人

4 个月的宝宝喜欢看镜子里的自己，也会对镜子里的自己有亲昵感，所以视线也会随着镜子移动，这时妈妈可以每天抱着宝宝到镜子前玩耍，让宝宝在镜子里认识自己和他人，从而锻炼宝宝的观察能力。镜子是宝宝喜欢的玩具之一，妈妈可以抱宝宝到一面镜子前，指着镜子里的宝宝叫宝宝的名字。然后指着自己告诉宝宝“这是妈妈”，宝宝通常会先摸摸镜子，认真看看镜子中的人，然后发出笑声。如果宝宝没有注意到镜子，妈妈可以敲一下镜子，引起宝宝的注意，当宝宝看到镜子中的妈妈和自己时，便会仔细观看，有时还会和镜子中的人“说话”。

>> 好妈妈大讲堂

婴儿认人、记物都得益于印象记忆，可以说这是“死记硬背”，是婴儿心理发展的必然过程。宝宝不需要联想和解释，就可以把记忆的对象整个地，不假思索、不加分析地，囫囵吞枣式地印在脑子里，形成清晰的表象形成一种“模式”，他们的这种本能，成年人望尘莫及。

有计划地让婴儿听音乐

4～6个月的婴儿对音乐能表现出特殊的爱好并能配合音乐节奏摆动四肢，也就是说，他已具有初步的音乐记忆力，并对音乐有了初步的感受能力。所以，从这个月开始，你就要有目的、有步骤地让婴儿欣赏音乐。

（1）让婴儿反复听某一乐曲，增强婴儿的音乐记忆力。

（2）给婴儿听模仿动物的叫声或大自然中某些声响的音乐。

寻找“灯”

一般6个月的宝宝对灯的记忆是很深刻的，当妈妈问宝宝灯在哪里时，宝宝就会用眼睛盯着灯看。让宝宝找灯其实是唤醒宝宝最初的记忆，常常做这种练习可以增强宝宝的记忆。妈妈可以抱着宝宝到台灯前，把手放在开关上，让灯一亮一灭，然后对宝宝说“灯”，开始的时候宝宝的眼睛可能会盯着妈妈的脸看，过一会儿就会注意到妈妈手指的动作，然后发现当妈妈手指动时，灯就会忽明忽灭，宝宝的目光会逐渐落在灯上。妈妈每天让宝宝看灯5～6次，直到一说“灯”这个字，宝宝就会转头盯着灯为止。然后，妈妈抱着宝宝到不同的位置，看宝宝是不是还能找到灯。

4~6个月宝宝全脑开发游戏

智力游戏的种类很多，既包括那些利用专门材料和玩具进行的游戏，如积木、拼图、七巧板、插板等；也包括那些利用语言组织进行的游戏，如猜谜语、讲故事、打电话、看图造句等；还包括日常生活中的各种智力游戏，如跳棋、中国象棋、围棋、纸牌等。

念儿歌

游戏目的：培养宝宝的听觉能力。

游戏方法：妈妈轻轻地叫孩子的名字，跟他轻声说话，给他念儿歌。

虫虫飞

虫虫飞，虫虫飞，
飞到南山喝露水，
露水喝不到，
回来吃青草。

手指游戏

游戏目的：培养宝宝的认知能力。

游戏方法：妈妈抱着孩子，妈妈边歌谣边做动作。

手指歌

一个指头按电钮，
两个指头捡豆豆，
三个指头解扣扣，
四个指头提网兜，
五个指头握一起，
攥个拳头有劲头。

骑大马

游戏目的：训练语感，并培养宝宝的记忆能力。

游戏方法：让孩子坐在妈妈腿上，妈妈颠动腿部，一边颠一边念歌谣。

骑大马

骑大马，呱嗒嗒，
一跑跑到外婆家，
见了外婆问声好，
外婆对我笑哈哈。

感受大自然

游戏目的：发展宝宝的视觉、听觉，培养宝宝的好奇心。

游戏方法：选择天气好的日子，抱宝宝到公园玩，让宝宝看看五颜六色的花，绿色的树，听鸟儿清脆的叫声，同时父母要不停地为幼儿“解说”，如“听，这是小鸟在唱歌。”“看，这是红色的月季花。”让宝宝感受到大自然的美丽和新奇，刺激他视觉、听觉的发展，也激发他对外界的好奇心和探索精神。

瓶中的弹子球

游戏目的：增强宝宝的视力跟踪能力。

游戏方法：将几个色彩鲜艳的小弹子放入小塑料瓶中，盖上盖子。倾斜翻转小瓶，让宝宝看到弹子球是怎样运动的。玩时要注意安全，你要始终在一旁照看，以免宝宝吞食弹子球。这是一种视力“拨浪鼓”，有助于增强宝宝的视力跟踪能力，有助于宝宝将图像和声音联系起来。

阿姨/叔叔抱抱

游戏目的：培养宝宝初步的社会交往能力，减轻宝宝的"怯生"心理。

游戏方法：抱着宝宝自然地与生人交谈，一段时间后，将生人介绍给宝宝："宝宝，这是阿姨、叔叔，阿姨、叔叔可喜欢宝宝啦！"等宝宝对生人的惧怕情绪减弱后，将宝宝让生人抱一会儿。更进一步可以让生人抱着宝宝，妈妈藏在生人背后，轻轻地叫宝宝的名字，再从一侧探出头去，引导宝宝找妈妈，让宝宝体会到和生人一起游戏的乐趣。

先抱着宝宝与生人交谈，让宝宝对生人逐渐熟悉，不要一开始就让生人抱宝宝。这样容易使宝宝哭闹，引起他对生人的抵触情绪。

>> **专家建议**

妈妈要利用一切可能的机会，尽可能多地指着周围环境中的各种物品给婴儿介绍，不管婴儿是否能听懂都要多次重复，让婴儿反复感知。当然，指认的东西也不能太繁杂，可以先指认室内的家具、玩具、食物，慢慢就可以开始指认远处的行人、车辆、天空、白云、风筝、初升的月亮和落日等。此时婴儿的视力已明显增强，可以看到远处的物体，及时训练可扩大婴儿认识事物的范围。

过家家

游戏目的：培养宝宝的听力、注意力、观察力、动手能力。

游戏方法：妈妈事先准备一个玩具娃娃，这个玩具娃娃要比较精细，即玩具娃娃的头发可梳可扎，眼睛要会动，玩具娃娃有可以穿脱的衣服、袜子、鞋子等，使得游戏时使用方便。再准备一套玩具餐具。游戏开始时，爸爸、妈妈一边说话一边玩过家家，让宝宝在旁边看着。爸爸、妈妈很精细、很缓慢地做每一个动作，比如说给娃娃穿衣服、系扣子，给娃娃穿袜子、穿鞋子，妈妈给娃娃扎头发。然后用玩具餐具给娃娃喂饭。喂完饭，妈妈对宝宝说："宝宝，爸爸、妈妈给娃娃喂完了饭，现在娃娃要出去玩了，请宝宝给娃娃换身衣服，我们带娃娃出去玩。"于是，爸爸把娃娃的衣服脱掉，拿出一身衣服给宝宝，宝宝就会根据自己的观察将爸爸、妈妈的动作再重复做一遍。

该游戏每次进行时，可只做一部分动作，比如只让宝宝观察爸爸、妈妈如何给娃娃穿衣服,还可以继续其他的动作;具体内容的多少要根据宝宝的发展情况来决定。爸爸、妈妈在做示范动作给宝宝看时,一定要慢,动作清楚,便于宝宝观察和模仿。

滚球与抓球

游戏目的:培养宝宝的思维能力。

游戏方法:准备一个沙滩球,与宝宝面对面坐在地板上,腿伸开,向他推动沙滩球,然后鼓励他将球推向你,宝宝喜欢那些易于看出其结果的重复性活动,这些活动能使他更好地理解因果关系。

>> 爱心妈妈温馨提示

玩是孩子的天性,而玩具是体现孩子天性的工具,是孩子人生的第一部教科书,是孩子认识世界的一个重要途径,是游戏的物质基础。对于新生儿,玩具的作用也是不可忽视的。也许就是一件有趣的玩具,在孩子幼小的心灵中播下创造发明的种子,使他们从此走上热爱科学的道路。

智力测试

1. 在白纸上放 1 粒红色小丸:
A. 未看到(3 分)
B. 大人用手指着才能看到(8 分)
C. 立即发现(10 分)
计分:以 10 分为合格。
2. 听胎教音乐:
A. 无表情(2 分)
B. 听到胎教时听过的音乐转头观看(5 分)
C. 微笑(8 分)

D. 微笑着入睡(10 分)

计分:以 10 分为合格。

3. 认人:

A. 对生人注视,无亲热表情(5 分)

B. 对父母均投怀(8 分)

C. 对母、父、照料人皆投怀(12 分)

以 12 分为合格。

4. 追视滚轴:

A. 不追着看(0 分)

B. 追视到桌子中央(5 分)

C. 从桌子一头看到另一头(10 分)

计分:以 10 分为合格。

5. 用勺子喂:

A. 张口舔食(4 分)

B. 噘嘴吸吮(10 分)

计分:以 4 分为合格。6. 晚上睡眠延长:

A. 晚上睡 3 小时(4 分)

B. 晚上能睡 4 小时(6 分)

C. 晚上能睡 5 ~6 小时,白天觉醒时间增加(8 分)

计分:以 8 分为合格。

7. 吊球:

A. 只看不动手(4 分)

B. 试击不中(8 分)

C. 会用手拍击横吊在胸前的小球(10 分)

计分:以 10 分为合格。

8. 模仿大人唇形发出辅音(如妈、爸、姐、哥、姑等):

A. 1 个(5 分)

B. 2 个(10 分)

C. 3 个(15 分)

计分:以 10 分为合格。

9. 大人蒙脸玩藏猫猫时:

A. 笑不动手(3 分)

B. 笑且动手拉布(6 分)

C. 无表情(0 分)

计分:以 6 分为合格。

10. 仰卧训练:

A. 拉坐时头向后仰(4 分)

B. 拉坐时头向前倾(8 分)

C. 双手拉坐时头伸直(10 分)

计分:以 10 分为合格。

11. 俯卧时:

A. 只能抬头(6 分)

B. 用肘撑胸(8 分)

C. 用手撑胸(10 分)

计分:以 10 分为合格。

12. 仰卧抬腿:

A. 裹住不能活动(0 分)

B. 会踢但不中(8 分)

C. 踢打吊球(10 分)

计分:以 10 分为合格。

测试分析:第 1 ~4 题测认知能力,应得 42 分;第 5 ~6 题测自理能力,应得 12 分;第 7 题测精细动作,应得 10 分;第 8 题测语言能力,应得 10 分;第 9 题测社交能力,应得 6 分;第 10 ~12 题测大肌肉运动,应得 30 分,共计可得 110 分。统计宝宝的全部分数,将其相加后,得出以下结论:

110 分以上:优秀。

70 ~110 分:正常。

70 分以下:暂时落后。

7~9个月宝宝全脑开发

7~9个月宝宝发育特点

这个阶段的宝宝可以明确地表示自己的意愿,看见自己喜欢的东西,会主动爬过去拿或伸手要。这时宝宝的身体比半岁前更加灵活,而且对周围事物的兴趣更加浓厚,笑声也逐渐增多,对周围世界有了新的认知,越来越明朗。

动作发育

7个月的婴儿各种动作开始有意向性,会用一只手去拿东西,会把玩具拿起来,在手中来回转动,还会把玩具从一只手递到另一只手或用玩具在桌子上敲打着玩。仰卧时还会将自己的脚放在嘴里啃。7个月的孩子不用人扶能独立坐几分钟。

9个月婴儿能够坐得很稳,能由卧位坐起而后再躺下,能够灵活地前、后爬,能扶着床栏杆站着并沿床栏行走。会抱娃娃、拍娃娃,模仿成人的动作。双手会灵活地敲积木,会把一块积木搭在另一块上或用瓶盖去盖瓶口。9个月的宝宝变得越来越不安分了,这时的宝宝已经不愿意总在一个小范围内活动或总是一个姿势不动了。大人可以给宝宝准备一些活动的场所,如有带栏杆的床或有沙发的地方,还可以在床前空出一块地方,让宝宝进行由扶站到独站的训练。宝宝在刚刚开始独自站立的时候,由于刚刚脱离依靠物,所以会有些站不稳,左右摇摆,这时大人可以扶着宝宝的身体两侧,让宝宝站好,并鼓励宝宝独自站立一会儿。或者大人可以慢慢撤去宝宝身后的依靠物。让他练习独自站立,只要宝宝可以站一会儿,就要夸奖宝宝。大人要注意看护好宝宝,以免他摔倒或摔伤。

语言能力

此阶段宝宝的发音开始变得有意义了。他们开始模仿发声，这是宝宝们向开口说话迈出的第一步。爸爸妈妈要耐心地向宝宝解释他们所看到和听到的事物。如这是一只小狗，那是一条小河，使宝宝把物体和词语一一对应起来。帮助宝宝理解词语的实际意义。

7 个月的宝宝能发出各种单音节的音，会对他的玩具说话。8 个月就能模仿大人发出单音节词，有的小孩已经会发出双音节“妈妈”了。能模仿发出双音节如“爸爸”“妈妈”等。

> **>> 全脑开发小贴士**
>
> 7 个月的宝宝会用自己特殊的发音方式来表达他的感受，这些发音具有相当的一致性和连贯性。宝宝也会重复发出某些元音、辅音，发音越来越像真正的语言，并开始懂得一些词语的意义。

年轻的父母第一次听宝宝叫爸爸、妈妈是一个激动人心的时刻；7 个月的宝宝不仅常常模仿你对他发出的双复音，而且有 50% ~70% 的孩子会自动发出“爸爸”“妈妈”等音节。开始时他并不知道是什么意思，但见到家长听到叫爸爸、妈妈就会很高兴，叫爸爸时，爸爸会亲亲他，叫妈妈时，妈妈会亲亲他，孩子就渐渐地从无意识地发音发展到有意识地叫爸爸、妈妈，这标志着宝宝已步入了学习语音的敏感期。父母们要敏锐地捕捉住这一教育契机，每天在宝宝愉快的时候，给他朗读图书、念儿歌、说说绕口令等。

心理发育特点

8 个月的宝宝看见熟人会用笑来表示认识他们，他会哭闹，对新鲜的事情会感到惊奇和兴奋。9 个月的孩子知道自己的名字，叫他名字时他会答应，如果他想拿某种东西，家长严厉地说：“不能动！”他会立即缩回手来，停止行动。这表明，9 个月的婴儿已经开始懂得简单的语意了，这时大人和他说再见，他也会向你摆摆手；给他不喜欢的东西，他会摇摇头；玩得高兴时，他会咯咯地笑，并且手舞足蹈，表现得非常欢快活泼。

9 个月的宝宝在心理要求上丰富了许多，喜欢翻转起身，能爬行走动，扶着床边栏杆站得很稳。喜欢和小朋友或大人做一些合作性的游戏，喜欢照镜子观察自己，喜欢观察物体的不同形态和构造。喜欢家长对他的语言及动作技能给予表扬和称赞。喜欢用拍手欢迎、招手再见的方式与周围人交往。

9个月的宝宝喜欢别人称赞他，这是因为他的语言行为和情绪都有进展，他能听懂你经常说的表扬类的词句，因而做出相应的反应。宝宝为家人表演游戏，大人的喝彩称赞声，会使他高兴地重复他的游戏表演，这也是宝宝内心体验成功与欢乐情绪的体现。对宝宝的鼓励不要吝啬，要用丰富的语言和表情，由衷地表示喝彩、兴奋，可用拍手、竖起大拇指的动作表示赞许。大家一齐称赞的气氛会促使孩子健康成长。这也是心理学讲的“正性强化”教育方法之一。

培养婴儿欣赏大自然

这个时期的婴儿心理活动的发展很快，出现了认生害羞、兴奋和高兴等各种情绪反应。家长除了给婴儿各种玩具以及和他逗乐外，还应让孩子到大自然中去，让自然界的各种动植物、自然景观给婴儿以良好的感官刺激，使婴儿得到心理的安宁与美的享受，培养婴儿稳定的情绪、美好的情感，为以后良好的性格形成奠定基础。

家长可以带婴儿到公园去，看看公园各种颜色鲜艳的花朵、各种动物、小桥流水。具有色彩的或处于动态的自然景色，特别能引起婴儿的注意，如飞舞的彩蝶、蜻蜓，在水中游动的各种色彩斑斓的金鱼，婴儿常常看得目不转睛，呈现出愉悦的表情。

>> 好妈妈大讲堂

妈妈可以带着宝宝去看太阳、看月亮、看彩虹、看下雨、看飘扬的雪花等自然景观，这些活动可以促进孩子感知觉的发展，有益于婴儿的身心健康与智能发育。妈妈带着宝宝经常外出，对宝宝身体健康的发育也有帮助。

社交能力

已经开始认人，能区别熟人和生人。能懂得大人的不同态度，对脸色和声音并作出不同的反应。懂得“不”字的含义。交往能力增强，会拍手表示“欢迎”，摆手表示“再见”。

7～9个月宝宝全脑开发营养方案

7个月的婴儿对各种营养的需求继续增长。鉴于大部分宝宝已经开始出牙，在喂食的类别上可以开始以谷物类为主食，配上蛋黄、鱼肉或肉泥，以及碎菜或胡萝卜泥等蔬菜泥做成的辅食。以此为原则，在做法上要经常变换花样，并搭配些碎水果。

给宝宝添加种类更丰富的辅食

宝宝过了8个月，就有能力到自己喜欢的地方去了。白天如果喂母乳，宝宝撒娇的时候就会跟着妈妈，进而要求吃奶，宝宝的要求得到满足的话，很可能就再也不吃代乳品了，然而，到第8个月时，妈妈乳汁的质和量都已经开始下降，难以完全满足宝宝生长发育的需要。已经8个月的宝宝要是还以母乳为主，就会导致缺铁性贫血。正是因为母乳的充足，反而引起了宝宝的营养不良。

所以添加辅食显得尤为重要。从这个阶段起，可以让宝宝尝尝配方奶的味道，为断掉母乳后添加乳类食品做好准备。辅食方面，可以让宝宝尝试更多种类的食品。

给宝宝喂牛奶的重要性

要特别提醒年轻的爸爸妈妈们，一定要将牛奶看作母乳一样，作为主食来喂养宝宝，而其他所添加的食物作为辅食，时刻不忘宝宝营养的全面、均衡。因而，7个月之后的宝宝，一定要保证每天600毫升的牛奶摄入量，直至1周岁。母乳分泌良好，白天至少也要喂宝宝200～300毫升牛奶，如果母乳不足，最基本也要喂400毫升牛奶。

7～9个月宝宝全脑开发营养食谱

菠菜蛋羹

【原料】

菠菜30克，鸡蛋1个，盐、油、味精适量。

【制作方法】

(1)菠菜洗净切成末，鸡蛋搅匀。

(2)锅内加入适量水，煮开后加入菠菜末。

(3)煮3～5分钟后加入鸡蛋，边加边搅，加入盐、油、味精适量，煮开即成。

鱼肉豆腐羹

【原料】

新鲜鱼1条，豆腐100克，油、盐、葱、姜、味精、淀粉等适量。

【制作方法】

(1)将鱼去鳞去鳃去内脏洗净后置容器中，加盐、姜、葱，上锅蒸熟后去刺、骨，取鱼肉捣成鱼泥备用。

(2)豆腐加适量水煮熟后加入鱼泥，加油、盐、味精后用淀粉勾芡即成。

猪肉豆腐羹

【原料】

猪肉20克，豆腐30克，鲜汤、淀粉、盐、葱、姜少许。

【制作方法】

(1)猪肉洗净剁成肉泥，起油锅下肉泥、葱、姜、盐煸炒熟。

(2)豆腐切碎下锅加适量鲜汤煮熟，再加入煸炒熟的肉泥和盐，煮片刻后加水淀粉勾芡即成。

蛋黄豌豆糊

【原料】豌豆100克，蛋黄50克，大米50克，水4杯。

【制作方法】

(1)将豌豆煮熟,去掉豆荚,放进搅拌机中搅成豆茸,或用刀切碎。

(2)将整个鸡蛋煮熟,去壳取出蛋黄压成蛋黄泥。

(3)将大米用水浸 2 小时,连水煲约 1 小时,煲成半糊状,然后焖约 5 分钟。

(4)在糊状大米粥中加入豆茸、蛋黄泥,调味即可。

【营养功效】6 个月的婴儿大脑以及体格发育旺盛,必须获得充足的钙质以及各种维生素、卵磷脂。豌豆中含有丰富的钙质和维生素,鸡蛋中含有丰富的卵磷脂,这些都是婴幼儿发育所必需的营养。

7~9个月宝宝全脑开发训练

宝宝脑部开发非常重要。宝宝从小就应加强训练。宝宝也非常喜欢跟小伙伴交往，即使不认识，只要碰在一起，八九个月大的婴儿便会互相摸抓，以表示亲热，年龄大一点的则因为有共同的乐趣、相互能懂得语言，很自然地在一起玩耍。而且当宝宝的这种需要得到满足时，往往特别高兴。因此，家长要认识到宝宝脑部开发的重要性，有意识地训练宝宝的能力，满足宝宝的需要。

生活自理能力训练

(1)喝水。训练婴儿自己扶着水瓶喝水。

(2)交往。父母应多创造机会继续让婴儿多与同伴接触，帮助他克服怯生、焦虑的情绪，引导他正确地表达情感。与同伴玩，是婴儿学习语言和交际能力，培养良好素质的重要途径。

(3)学拿勺子。在喂饭时，大人用一只勺子，让婴儿也拿另一只勺子，许可他把勺子插入碗中。此时，婴儿分不清勺子的凹面和凸面，往往盛不上食物，但是让他拿勺子使他对自己吃饭产生积极性，有利于学习自己吃饭，同时也促进了手—眼—脑的协调发展。

把大小便

定时定点培养宝宝大小便的习惯。在便盆上方用“呜”声表示大便或用“嘘”声表示小便。

通过视——便盆，听——声音，加上姿势形成排泄的条件反射，在满月前后婴儿就懂得把大小便了。

婴儿把便既培养了与大人的合作，又能训练膀胱容量扩大，锻炼膀胱括约肌应有的功能，还密切母婴关系，是一种良好习惯和能力的训练。

大人挺胸坐正，不可压迫婴儿胸背而妨碍其呼吸，当婴儿打挺表示不愿意让把便时，应马上放下，停止训练，以免使婴儿疲劳。不过，只要你有耐心，孩子很快会建立起条件反射的，而且很早就不尿床了。

语言能力训练

念儿歌，讲故事，看图书

每晚睡前给婴儿读同一个简短、朗朗上口的故事，最好一字不差，以便加深他的印象和记忆，一个记住了，再换别的。

妈妈可给婴儿买一些构图简单、色彩鲜艳、故事情节单一、内容有趣的婴儿画册。在婴儿有兴趣时，一边翻看、指点画册上的图像，一边用清晰而和缓的语调给他讲故事，同一故事可多次反复地讲，例如：《小蝌蚪找妈妈》。

图书对婴儿来说是一种能打开合上的、能学说话的玩具，因此婴儿非常喜欢大人陪着他看图书，听大人给他讲书中的故事。图书画面要清楚，色彩要鲜艳，图像要大，字体大而对话简短生动，并多次重复出现，便于婴儿模仿。每天坚持念儿歌、讲故事、看图书，并采取有问有答的方式讲述图书中的故事，耳濡目染，婴儿就会对图书越来越感兴趣，这对婴儿学习语言很有帮助。喜欢读书，对他一生具有重要的意义。

重复宝宝的发音

注意听宝宝的发音，当宝宝已能说出不同的单音时，要跟着重复宝宝所发的音，用动作表示音的意义，培养宝宝的发音能力和语言理解能力。

教宝宝伸手表示要什么。当宝宝要一种东西时，要教他伸手来表示要，然后再拿给他所要

>> **全脑开发小贴士**

6个月以后为了发展宝宝的语言能力。在宝宝情绪愉快的时候，选一些语句较短或韵律比较强的儿歌，如“大苹果”“小白兔”说给孩子听，经过多次反复训练，孩子的语言会在不知不觉的愉快情绪中得到较快发展。

的物品，并点头以表示“谢谢”。培养宝宝手势语言的表达能力，并养成讲文明的好习惯。

>> 好妈妈大讲堂

爸爸妈妈可以经常抱着宝宝，教他认识家中几种特征较明显的东西，如电灯、电视机等，一边说，一边看。6个月后可带宝宝到室外活动。告诉宝宝“汽车在某某地方。”“这是苹果”……让孩子用眼睛去寻找。8~9个月的孩子已具备了一定的模仿发音能力，爸爸妈妈应增加与宝宝的对话机会，多教宝宝发音，让宝宝面对妈妈，看妈妈发音的口型，听妈妈的声音，训练宝宝模仿语言的能力。

社交能力训练

认识自己

每天抱宝宝照镜子2~3次，让他认识自己。边看边告诉他镜中人是谁，如“这是宝宝”“这是妈妈”等。还可给他戴上色彩鲜艳的帽子、围巾、头花、纸制眼镜等，逗引宝宝高兴、发笑。培养宝宝愉悦的情绪。

>> 全脑开发小贴士

宝宝在两岁前，不会展示太多的社交行为。看别人玩游戏是孩子成长过程中重要的一步。此时孩子已具备一定的活动能力和控制能力，如果父母要锻炼孩子的社交能力，就要为自己的孩子提供机会，在场外观察其他孩子一起玩的游戏，父母最好向孩子解释游戏的方法或规则，当孩子掌握这种游戏的技能时，他会很高兴地参与其中。

情感培育

小胖墩

将宝宝靠在大腿上，面朝外。向上移动他的手臂，随儿歌中的节拍按一、二、三数数。停下来，再向下移动三下，就这样完成了一轮动作。最后将宝宝的手臂向内移动三下，并挠痒痒。念口令“小胖墩，小胖墩，上、上、上，下、下、下，小胖墩，小胖墩，来、来、来！”这个游戏既有利于情感联系，又有利于体质发育。

>> 专家建议

要让今天的婴儿不再沉默，让明天的孩子聪明健康，早期的母婴交流就显得格外重要。专家认为，有益于婴儿发育的母婴交流方式主要有：

(1)嗅觉交流。婴儿的嗅觉相当敏感。把浸有母乳的布片靠近婴儿鼻端，婴儿可很快止哭，并做出寻乳姿势。因此，母亲应多抱抱婴儿，头几个月尽量和他睡在一起，让孩子熟悉母亲的体味。

(2)听觉交流。婴儿出生一周后，就对声音有强烈的需求，而且还能分辨出人声。所以，别小看母婴之间毫无意义的“对话”，这种交流可使大脑正处于急剧发育中的婴儿很快牙牙学语，并丰富其情感体验。

模仿能力训练

拍拍手、点点头

与婴儿对面而坐，先握住他的两只小手，边拍边对他说“拍拍手”；然后不要握他的手，你边拍边有节奏地对他说“拍拍手”，教他模仿，“点点头”亦如此。每天应不断重复地学习。

洗澡玩水

给婴儿一只吹气小鸭子边洗边玩，洗完澡后坐在盆中央，大人抓着婴儿的两只胳膊或一人扶着婴儿腋下，一人握着婴儿的双脚，边拍打水边念儿歌：

“小小鸭子嘎嘎叫，走起路来摇呀摇，一摇摇到小河里，高高兴兴洗个澡。”

让婴儿熟悉水，提高婴儿感知能力，培养其愉快情绪。注意不要在洗澡期间离开，以免婴儿溺水，发生危险。

训练宝宝的适应能力

认识鼻子

妈妈与宝宝对坐，先指着自己的鼻子说“鼻子”，然后把住宝宝的小手指他的鼻子说“鼻子”。每天重复 1～2 次，然后抱宝宝对着镜子，把住他的小手指他的鼻子，再指自己的鼻子，重复说“鼻子”，经过 7～10 天的训练，当妈妈再说“鼻子”时，宝宝就会用小手指自己的鼻子。

寻找小物

将药丸的蜡壳或颜色漂亮的糖豆，投入透明的瓶内盖上，宝宝会拿着瓶子摇，看着蜡壳或糖豆。如果将此瓶放入大纸盒内，宝宝会将瓶取出，继续观看蜡壳或糖豆，寻找蜡壳或糖豆是否仍在瓶内。在寻找小物的游戏中，物质永久性的概念就在无意识探索之中建立起来。

认身体部位

让宝宝看着娃娃或他人，妈妈可用游戏的方法教宝宝认自己身体的各个部位，如让宝宝用手指着娃娃的眼睛，妈妈说：“这是眼睛，宝宝的眼睛呢？”帮他指自己的眼睛，逐渐宝宝会独立指眼睛，可以加强宝宝的理解力，还能培养宝宝的手眼协调能力。

>> 好妈妈大讲堂

将宝宝带至动物园或用动物画书，说出各种动物的特点，如小白兔的长耳朵，大象的长鼻子等。妈妈除了告知图中的物名外，还要让孩子注意事物的特点。复习几次后，可以问“兔子有什么？”孩子会指耳朵作答。内容每次不宜过多，时间 1～2 分钟，必须是宝宝感兴趣的东西，不能强迫指认。

视觉能力训练

捉光影

体验光影的移动变化，锻炼宝宝的追视能力。游戏在晚上或光线较暗的屋子里进行，屋子里的障碍物应少些，并有一面较大的白色墙壁。准备好大、中、小号手电筒各一只。妈妈打开手电筒，然后把电灯关掉，让宝宝不要怕黑，让宝宝找一找手电筒的光影在哪里。

在宝宝捉到光影后，妈妈让宝宝握住手电筒移动光影，妈妈追逐光影。妈妈引导宝宝数一数有几根光柱，比较一下大、中、小号手电筒的长短、粗细及它们发出的光影的远近、高低。

圆环的奥秘

用小股布绳绞织成圆环，同时要使圆环有不同的质感：一个光滑，一个粗糙，一个柔软。父母要十分注意绳子，以免勒住宝宝，这个游戏可以培养宝宝丰富的触觉与视觉经验，让他了解大小和形状的概念。

戴帽子

训练宝宝对颜色的识别能力。妈妈准备红、蓝、黄、黑、绿、白色的彩纸各两张。

妈妈用彩纸折成红、绿、黄、蓝、黑、白六种颜色的帽子各两顶，让宝宝在一旁观看，妈妈戴上黄帽子，让宝宝也戴上，并依次戴上不同颜色的帽子。妈妈说："蓝帽子。"宝宝能按照妈妈的指令找出蓝帽子，并能戴上。妈妈还可以和宝宝比赛，看谁找得准，戴得快。

颜色视觉是宝宝对光谱上不同波长光线的辨别能力，宝宝的三色（红、绿、蓝）视觉就有发展。游戏能让宝宝认识更多的颜色，锻炼视觉分辨能力。

摇动的彩带

让宝宝仰卧，在一个摇铃上系上漂亮的彩带，摇动摇铃，彩带随之飘动，吸引宝宝转头来观察。也可以让宝宝俯卧做这个游戏，可以刺激宝宝的听觉和视觉，同时可以锻炼其颈部肌肉力量。

>> 好妈妈大讲堂

宝宝由于对身边的事物比较好奇，喜欢把玩具或者家里的其他小东西拆开，在这个时候，妈妈千万不要生气，只要在安全的范围内，又不会造成很大损失的话，可以随他去，还可以跟宝宝一起观察拆开物品的形状、颜色，以及物品的内部结构。

听觉能力训练

寻找声音的来源

将可以发出声音的东西放在宝宝的视线内让他听。并反复告诉宝宝物品的名称。当宝宝注意力集中到物品上时，慢慢移开物品，让宝宝追寻声源。父母可以在宝宝的床前挂一些可以发出响声的玩具，在距离宝宝眼睛 25 厘米左右的地方，把玩具摇响并移动，这时宝宝的眼睛也会随玩具移动。

由于宝宝对盯着人看很感兴趣，也可让宝宝和父母面对面，当宝宝看清父母的脸后，父母可以边叫宝宝的名字边移动脸，这时宝宝也会随着父母的声音和脸移动，这种训练能促进宝宝的视听识别能力。

逛乐器店

父母带孩子逛乐器商店，感受乐器店的音乐气氛，让孩子看一看，摸一摸，听一听，并感受几种乐器音色，如钢琴、笛子、提琴等。注意在孩子观察过程中，父母应及时将乐器名称告诉孩子。

摇晃物品

父母可收集一些在摇晃或挤压时可发出声音的玩具，例如，可发出声响的塑料充气玩具和装有谷粒或大米的调味品罐，它们发出的声音明显不同，宝宝会很乐意探究其中的差别。要确保所有的盖子都拧得很紧，以免宝宝吞下容器内的东西。

辨别声音

让宝宝用筷子敲玻璃杯、瓶子、饭碗和饭盒，听一听各发出什么声音，然后记住声音。让孩子背过身去，由组织者敲容器，让孩子猜是哪个容器发出的声音。如果猜对了，换一种容器继续猜。

将4个玻璃杯分别装入不等量水，让孩子敲，并记住声音。然后背过身去，由组织者敲，让孩子猜出是哪个杯子发出的声音。注意猜对后要及时给予鼓励。

感觉能力训练

观察机动玩具

把电动的或上足发条的机械玩具表演给婴儿看，大人配合玩具特点配以丰富的语言，如"嘎——嘎，唐老鸭""小火车开了，呜呜——"

训练宝宝感知觉，培养观察力、注意力，理解简单的因果关系和语言。注意机动玩具的结构要简单。

>> 好妈妈大讲堂

对于一个婴儿来说，要从背景噪声中分辨出相关的声音是十分困难的。因而，在对孩子说话或读书时，周围不应该有让宝宝分心的背景噪声。一家人共进晚餐是很好的，但如果开着电视，孩子就会失去家人聊天和亲密的家庭氛围所带来的各种好处。

食品游戏

在宝宝的高脚椅托盘上铺一张纸，给他一些食品，如布丁、奶油（如果你愿意的话，可用着色剂给它上色）或宝宝专用的食品，让宝宝用手指涂出图画来。这里有多方面的感觉刺激，能使宝宝变得更富创造力。

坐飞机

让幼儿骑到爸爸的肩上，抓住幼儿双手说：“飞机马上就要起飞了，请乘客坐好。”爸爸慢慢站起，在地上转一两圈，然后说：“到站了，请乘客下机。”让幼儿下来。选择上空没有任何障碍物的空地进行游戏。

动作能力训练

站立运动

让婴儿抓住妈妈的大拇指，妈妈轻轻地把他从卧位拉到坐位，接着再拉他慢慢站起。每天练习几次，增强肩、胸的活动能力，等婴儿能站后，可以在床栏上挂些玩具，吸引婴儿站起来取玩具，妈妈在旁边帮忙和照顾。另外，可以让婴儿在床上站好，从旁边或前边轻轻地推他一下，使他失去平衡，再用另一只手及时扶住婴儿，避免他跌倒。

让宝宝学会拿起放下

7 个月的宝宝能抓起东西，但还不会有意识地放下，只会无意识地松手让玩具掉落。此时大人可以给宝宝做示范，大人先拿起一样东西，告诉宝宝这是“拿起来”，然后再慢慢地把东西放下，告诉宝宝这是“放下”，大人做几次反复的动作，宝宝就会有意识地进行模仿了。在刚刚开始的时候，如果宝宝偶尔做对一次，大人要及时鼓励宝宝。之后，大人可以让宝宝把玩具放到不同的位置上，这样对训练宝宝更有好处。

>> 全脑开发小贴士

宝宝的手可以精确地抓握东西，他们还会把玩具倒手。为了让宝宝接触到更多不同的玩具，大人可以教宝宝把玩具拿起和放下，这样不仅丰富了宝宝的生活，同时也锻炼了宝宝的听力、协调能力和分辨能力。

追皮球

妈妈把皮球从床的这一边滚到床的另一边，或者把小鸭子从床的这边拉到那边，引导婴儿爬过去把皮球或鸭子抱起来，用手拍打皮球或小鸭子。训练婴儿熟练爬行动作，活动全身各部分的肌肉。注意不要太靠近床边，防止婴儿摔下床。

做站立、下蹲的动作

多让宝宝做一些站立、下蹲的连贯动作，可以锻炼宝宝身体各部分的肌肉，也可以发展宝宝全身的平衡能力，9 个月的宝宝很适合做这样的练习。

9 个月的宝宝已经能听懂大人一些简单的语言了。大人可以和宝宝面对面坐着，握着宝宝的手，对他谈“起立”，然后稍微使力，宝宝便会跟着大人的力量站起来，当宝宝起立时，大人可以再对宝宝说“蹲下”的口令，然后对宝宝轻轻用力，宝宝就会顺着大人的力量蹲下去。这个游戏让宝宝全身得到活动，所以宝宝十分喜欢这个游戏。但当宝宝明显累或不愿意做这个游戏时，大人不要勉强，以免适得其反。

>> 好妈妈大讲堂

学会站立和开步走是婴儿身心发展中的一大进步，动作的发展使婴儿大开眼界，增长见识，促进了心理发育。注意防止意外是最重要的，学步的周围应当没有绊手绊脚的物件，没有桌椅的尖角，没有电、火、热水，柜子抽屉里没危险品等。如果婴儿不小心跌倒在地，也不要一副担心的样子，父母应当用亲切的语言鼓励他自己爬起来继续练习，这是最初的意志磨炼。

推不倒翁

取一只会响的不倒翁教婴儿推动，在学习中让他观察，体会推得重，摇的时间长；推得轻，摇的时间短。宝宝可以意识到自己的力量，认识自己与客观物体之间的关系，形成自我意识。可以把不倒翁经常放在婴儿身边，让其推玩。

技能训练

从生活中学

生活中的情景是丰富多彩和千变万化的，要引导和鼓励婴儿观察和体验日常生活中所发生的一切，提高适应能力。比如，他观察到大人是用杯子饮水，经过一段时间他便会在大人给他端住杯子的前提下，咕嘟咕嘟地喝水；他观察到大人用拍手表示“欢迎”，用挥手表示“再见”，过一段时间，他也会模仿出这些动作。诸如此类，有很多内容，家长应留意在生活中寻找引导和培养婴儿的机会。注意一定要把教语言和认识物体结合起来，反复教婴儿认识他熟悉并喜爱的日常用品和玩具的名称。

戴帽子

准备形状不同的帽子，如小布帽、毛线帽、军帽、皮帽、太阳帽、纸帽等，把婴儿抱在大镜子前给他戴上一顶帽子说“帽子”，玩一会儿把帽子摘下再戴上另一顶，还说“帽子”。依此类推。

注意逐渐使婴儿知道尽管这些玩意儿大小、形状、颜色不同，但都是帽子，可以戴在头上。

>> 好妈妈大讲堂

现在的独生子女都是父母的掌上明珠，但如果孩子有不合理要求时，家长应该拒绝他，绝不能看到他一哭一闹，心软了就对他让步而迁就他。要知道迁就会使孩子养成任性的习惯，越迁就，孩子越任性，长大之后就难以纠正了。如果家长因为他哭闹而妥协的话，以后凡是没有达到孩子要求的，他就会以更加拼命的哭闹来达到目的。这样放任的结果是害了孩子。

挑绳子

妈妈抱婴儿坐在桌前，桌上放着两根绳子，一根绳系着玩具，一根没有，让婴儿自己选择拉哪根绳。经过多次练习，孩子可以分辨出哪条绳上有玩具，哪条绳上没有玩具，并很快地把玩具拉过来玩。

手眼协调能力训练

捏糖丸

让婴儿坐在妈妈的腿上，两肘搁在桌面上，在桌上的盘子里放一个有盖的透明的杯子，里面装有彩色糖丸，先摇动杯子发出柔和的响声，并让婴儿看到糖丸在杯中跳动以激起婴儿的兴趣，再打开盖子（让他发现糖丸），把糖丸倒在盘子里，告诉他“这是糖”。边说边示范把一粒糖丸从盘里捡起放进杯子里（要用“慢镜头”），放进几粒后，让他用拇指和食指捏起小丸，再放进杯子里。开始妈妈可以手把手教他，稍熟练后让他自己把糖丸放进杯里后再加盖摇一摇，发出有趣的声音。注意玩时一定要有大人认真照看，避免婴儿吞食糖丸或发生呛噎、窒息。

拾物

把婴儿放在床上，大人在后面用双手分别抱着婴儿的胸、腹部及膝部，把婴儿感兴趣的玩具放在婴儿前面的床上，用语言逗引婴儿弯腰去捡玩具，捡到玩具后再直起身，反复多次训练。等婴儿学会扶站后，可将婴儿扶站在有栏杆的小床边，让婴儿一只手扶栏杆，如没有小床，大人可抓住婴儿一只手，使婴儿站稳，在婴儿脚边放一个玩具，帮助婴儿弯下腰用另一只手捡身边的玩具。注意捡到玩具后，大人可用语言或行动给婴儿一点儿表扬，比如说：“宝宝真能干！”或亲吻一下婴儿，婴儿就会很愉快地再次去捡玩具。

智力开发

让宝宝自己翻页看书

大人可以在宝宝高兴的时候，给宝宝看一些图案简单、色彩鲜艳的书或画册。大人把宝宝放在腿上，让宝宝看着书。自己则指着书中的内容，告诉宝宝"这是小花猫，喵喵""这是小狗，汪汪"等，这样生动形象的语言会引起宝宝读书的兴趣，宝宝对书产生兴趣，就会自主地去翻书了。可能在开始的时候，宝宝会一下翻过去好几页，大人不要训斥宝宝，因为要让宝宝一页页地看书是比较困难的，只要宝宝可以翻书。不管翻到哪页，他都会盯着书上的内容看，大人可以根据宝宝所翻页的内容教宝宝东西，以提高宝宝的认知能力。

>> 全脑开发小贴士

9个月的宝宝的手十分灵活，他们喜欢到处翻翻看看。这时，大人可以让宝宝学会自己翻页看书，经常让宝宝做这样的训练。不仅可以加强宝宝手的灵活性，还可以使宝宝的认知能力得到进一步提高。

辨颜色

把玩具堆在一起，妈妈把红色的玩具一样一样拣出来，每拣一样给婴儿看一下说"红色的"。再把其他颜色的玩具照样分开堆。然后把玩具重新混在一起，叫婴儿分。如果婴儿一时还不能很好地做这件事，妈妈可以协助或引导婴儿，帮助他完成这个游戏。

指物后让宝宝识别

宝宝喜欢探索周围的世界，也可以认识更多东西了，这时大人可以用指物识别的方法，加深宝宝对这些东西的记忆力。宝宝只喜欢记自己喜欢的东西，当大人发现宝宝对某件玩具或物体感兴趣时，可以告诉宝宝那件东西的名称，重复几遍后。宝宝就会记住，当大人问宝宝那件东西在哪时，宝宝通常会很快用眼睛看向那件东西，或者用手指着，表示东西在那里。当大人确定宝宝已经记住这样东西时，可以过两天再向宝宝说起这样东西，这时宝宝通常还会记得。

记忆和思维能力开发

找玩具

把一件小玩具(如小狗等)放在桌子上,先让宝宝玩一小会儿。然后用一块手帕盖住玩具的一半,看宝宝是否会去拿玩具。还可以当着宝宝的面将整个玩具盖住,并问宝宝:“小狗呢?”在宝宝看来,看不见的东西就不存在了;父母拿掉手帕,“小狗在这里。”宝宝发现玩具还在,会特别高兴。反复做几次,加强宝宝的无意记忆,使宝宝认识到,即使玩具被手帕盖住了,但玩具还在原来的地方,从而使宝宝能独立找到玩具。

父母从宝宝很小的时候就要注意训练宝宝记忆事情的能力,积极的记忆反过来能促进大脑的发育。同时,父母应注意游戏时间不能太长,以免宝宝疲劳。

让宝宝学认五官之外的身体

9个月以前的宝宝只能认识面部五官。而9个月的宝宝已经可以认识除五官外的其他部位了,这时大人应该教宝宝多认识一些身体的部位,并经常对宝宝重复这些部位的名称。比如有些宝宝喜欢和大人握手,当大人说握手时,宝宝就会把手伸出来。这时,大人可以先让宝宝学习认手,当宝宝伸出手时,大人拍着宝宝的手告诉他“这是手”,然后在日常生活中让宝宝经常伸手,并重复手的名称。还有一些宝宝在穿上一双漂亮的鞋时,当大人说看看鞋,宝宝就会主动伸出脚让大人看。这时,大人可以用同样的方法教宝宝认识自己的脚。

宝宝对哪个部位最感兴趣，就最容易学会认识哪个部位，所以大人需要仔细观察宝宝平时最喜欢的部位，然后教宝宝认识。

>> 好妈妈大讲堂

宝宝对事物的理解能力较差，当他们对记忆的东西不了解时，只会死记硬背，进行机械记忆。这就是为什么幼儿唱数比点数能力出现得更早，而且他们能够会很多歌曲和儿歌，但是对歌词和儿歌的意思并不理解的原因。

7~9个月宝宝全脑开发游戏

智力游戏需要孩子动脑筋思考，孩子要面对困难，不怕困难，最后克服困难，这需要一定的毅力和信心。所以，对于那些肯动脑筋、富有创造性的孩子要给予鼓励；如果孩子能力较弱，家长也不要急躁，需给予必要的帮助，逐渐培养孩子的信心。

模仿动物叫

游戏目的：发展宝宝的语言能力，练习发音。

游戏方法：宝宝在这个年龄阶段开始注意动物的声音，父母应该学一些关于动物的歌曲，也可以和宝宝一起看动物卡片、图书，同时模仿动物的叫声给宝宝听。宝宝会逐渐学会动物的叫声，以后在不看卡片、图书时，也可以问宝宝鸭子怎么叫、青蛙怎么叫等。一旦宝宝学会了很多动物的叫声，父母的鼓励会使宝宝有信心模仿其他更多的声音。

走斜坡

游戏目的：提高四肢协调和平衡能力。

游戏方法：准备一条宽35~40厘米，长1米左右的厚木板，一端垫高约10厘米做成斜坡。开始时父母可用一只手扶着孩子走上斜坡，待幼儿走稳后，再鼓励幼儿勇敢地独自走斜坡。注意木板要选择没有铁钉之类可刺伤幼儿的表面比较光滑的木板。

记住味道

游戏目的:锻炼宝宝的嗅觉。

游戏方法:收集一些香水瓶、香薰蜡烛、柠檬汁等具有芳香或刺激气味的物品。为了防止宝宝被浓烈的气味刺激,一定要使这些物品与宝宝保持一定距离,仅用手向宝宝扇一点儿味道即可,千万不要直接将之放在宝宝鼻子下面。

奇妙的小盒

游戏目的:增进宝宝智力发展。

游戏方法:在一个带盖的容器的顶端开一个圆洞,剪下袜子的底,将袜腿粘在容器的洞口,以防划伤宝宝。在容器内放上各种物体。注意这些东西应易于让宝宝抓住并从洞口拿出。可以鼓励宝宝探索看不见的物体,并以此促进他智力的发展。

小鸟飞

游戏目的:培养宝宝的创新、创造力及听觉,语言,肢体动作。

游戏方法:与宝宝坐在一起,将他的胳膊展开,让他的手臂上下扇动学小鸟飞翔,并学小鸟啼叫。然后,停止扇动胳膊,学飞机的“隆隆”声,让宝宝像飞机一样飞翔。在户外,让宝宝观察小鸟和飞机,并反复学它们的声音。

>> 全脑开发小贴士

宝宝已经会坐、会爬,喜欢在床上或地铺上爬来爬去,父母应该为宝宝准备一些能够吸引他爬行的球类玩具。此时的宝宝好奇心强烈,喜欢各种声响,经常敲敲打打弄出些声音来,并以此为乐;喜欢模仿大人的动作,比如喜欢翻书;自己喜欢的玩具抓住就不肯让别人拿走。

踢到了

游戏目的：训练宝宝用脚踢物体的动作。

游戏方法：准备气球、小串铃、皮球等物品，然后用细绳将气球、小串铃或皮球悬挂在竹竿上，悬挂的高度以宝宝能用腿踢到为宜。

挂好之后，妈妈要给宝宝做示范，妈妈用脚任意踢挂在竹竿上的小串铃、气球或皮球等，吸引宝宝的注意力，让宝宝也来踢。当宝宝踢到小串铃时，小串铃就会发出“叮铃——叮铃——”的声音，宝宝会踢得更起劲。

当宝宝踢到气球时，气球飘来飘去的样子也会吸引宝宝的注意。当宝宝单脚踢的动作较熟练后，妈妈可以引导他左右脚轮换着踢这些悬挂物。

马赛克地毯

游戏目的：锻炼宝宝的动作能力。

游戏方法：用地毯的边角余料做一个马赛克，它应小到能让宝宝接触到马赛克不同质地的部分；当宝宝能爬的时候，又要大到能让他在上面爬行。这个玩具能在较小的空间内给宝宝提供具有对比性的触觉刺激。当宝宝会爬的时候，马赛克可以放大，这样就变成了一个有趣的爬行场所。

智力测试

1. 寻找藏起之物:
A. 眼看手不去拿(2 分)
B. 露出大半的玩具(4 分)
C. 露出一半的玩具(6 分)
D. 盖住大半露出一点的玩具(8 分)
计分:以 8 分为合格。
2. 按吩咐把玩具给爸爸、妈妈、奶奶:
A. 不会(0 分)
B. 1 人(5 分)
C. 2 人(10 分)
D. 3 人(15 分)
计分:以 10 分为合格。
3. 学认第一个身体部位(手、耳、鼻及其他部位):
A. 不会(0 分)
B. 眼看(6 分)
C. 听声有动作表示(挤眼、纵鼻、噘嘴等)(10 分)
D. 听声会伸手去摸(12 分)
计分:以 10 分为合格。
4. 弄响玩具:
A. 不响(0 分)
B. 踢响(3 分)
C. 摇响(5 分)
D. 捏响(8 分)
计分:以 5 分为合格。
5. 用食指抠洞、转盘、按键、探入瓶中取物:
A. 1 种(4 分)
B. 2 种(8 分)
C. 3 种(10 分)

D. 4 种(12 分)
计分:以 10 分为合格。
6. 做动作表示语言"再见""谢谢""您好"等:
A. 不会(0 分)
B. 1 种(5 分)
C. 2 种(7 分)
D. 3 种(10 分)
计分:以 10 分为合格。
7. 看到亲人:
A. 无表示(0 分)
B. 手足乱动着急(3 分)
C. 大声呼叫(4 分)
D. 展开双手要人抱(5 分)
计分:以 5 分为合格。
8. 明白大人的表情:
A. 不会(0 分)
B. 1 种(2 分)
C. 高兴、生气 2 种(8 分)
D. 高兴、悲伤、发怒 3 种(10 分)
计分:以 10 分为合格。

9. 便前:
A. 不表示(0 分)
B. 学会坐盆(2 分)
C. 动作表示(8 分)
D. 出声表示(10 分)
计分:以 10 分为合格。
10. 俯卧时:
A. 要大人扶住坐起(6 分)
B. 扶物翻至仰卧再扶物坐起(8 分)
C. 自己坐起来(10 分)
计分:以 10 分为合格。

11. 学坐或匍行:

A. 不站起(0 分)

B. 叫唤让人帮助站起(8 分)

C. 自己扶物站起(10 分)

计分:以 10 分为合格。

12. 手腹匍行:

A. 打转不匍行(4 分)

B. 手腹向后匍行(10 分)

C. 用手巾吊起腹部可用手膝爬行(12 分)

计分:以 12 分为合格。

测试分析:第 1 ~ 3 题测认知能力,应得 28 分;第 4 ~ 5 两题测精细动作,应得 15 分;第 6 题测语言能力,应得 10 分;第 7 ~ 8 题测社交能力,应得 15 分;第 9 题测自理能力,应得 10 分;第 10 ~ 12 题测大肌肉运动,应得 32 分,共计可得 110 分。统计宝宝的全部分数,将其相加后,得出以下结论:

110 分以上:优秀。

70 ~ 110 分:正常。

70 分以下:暂时落后。

10~12个月宝宝全脑开发

10～12个月宝宝发育特点

这个阶段的宝宝可以模仿大人的声音说话，能说一些比较简单的词。宝宝已经能够理解常用词语的意思，并会一些表示词义的动作。宝宝喜欢和成人交往，并模仿成人的举动。当他不愉快时他会表现出很不满意的表情。

动作发育

10个月的婴儿能稳坐较长时间，能自由地爬到想去的地方，能扶着东西站得很稳。拇指和食指能协调地拿起小的东西，会招手、摆手等动作。11个月的时候，宝宝坐着时能自由地向左右转动身体，能独自站立，扶着一只手能走，推着小车能向前走。能用手捏起扣子、花生米等小东西，并会试探地往瓶子里装，能从杯子里拿出东西然后再放回去。双手摆弄玩具很灵活。会模仿成人擦鼻涕、用梳子往自己头上梳等动作。会打开瓶盖，剥开糖纸，不熟练地用杯子喝水。

语言能力

宝宝会使用一些最基本的词语，如“妈妈”“要”等。也会尽力去模仿爸爸妈妈的每一个口型，每一个发音。这时爸爸妈妈要积极鼓励宝宝张口说话。如当宝宝说“车”时，父母要积极地回应宝宝：“对！那就是车！”

宝宝喜欢嘟嘟叽叽地说话，听上去像在交谈，喜欢模仿动物的叫声，如小狗“汪汪”、小猫“喵喵”等。能把语言和表情结合起来，不想要的东西，会一边摇头一边说“不”。

心理发育

10 个月的宝宝喜欢模仿着叫妈妈，也开始学迈步学走路了。喜欢东瞧瞧、西看看，好像在探索周围的环境。这个阶段，是孩子最喜欢模仿说话的时期，家长应抓住这一时期多进行语言教育。父母此时要对宝宝多说话，内容是与他生活密切相关的短语。

11 个月的宝宝喜欢和爸爸妈妈依恋在一起玩游戏、看书画，听大人给他讲故事。喜欢玩藏东西的游戏。喜欢认真仔细地摆弄玩具和观赏实物，边玩边咿咿呀呀地说着什么。有时发出的音节让人莫名其妙。这个时期的孩子喜欢的活动很多，除了学翻书、讲图书外，还喜欢玩搭积木、滚皮球，还会用棍子够玩具。如果听到喜欢的歌谣就会做出相应的动作来。

11 个月的孩子，每日的活动是很丰富的，在动作上从爬、站立到学行走的技能日益增加，他的好奇心也随之增强，宛如一位侦探，喜欢把房里每个角落都了解清楚，都要用手摸一摸。为了孩子心理健康发展，尽量满足他的好奇心，要鼓励他的探索精神不断发展。

12 个月的孩子，虽然刚刚能独自走几步，但是总想蹒跚地到处跑。喜欢到户外活动，观察外边的世界，他对人群、车辆、动物都会产生极大的兴趣。喜欢模仿大人做一些家务事。如果家长让他帮助拿一些东西，他会很高兴地尽力拿给你，并想得到大人的夸奖。

宝宝智能发育水平

这个时期又是婴幼儿智能发育的关键年龄，在行为模式的发展方面将出现一些飞跃性变化，也是对积极开发和培养小儿智能的重要时机，其主要的行为模式表现如下：

(1)大运动:小儿能自己扶住栏杆站起,身体完全直立;能扶住栏杆走3步以上,一边走,一边移手。精细动作:能用拇指和食指的指端捏住小丸,动作熟练。

(2)适应能力:能主动拿掉杯子取出藏在下面的积木玩;能明确地寻找盒内的木珠。

(3)语言:会模仿大人发1~2个字音,如"爸爸""妈妈""拿""走"等。

(4)社交行为:懂得常见人及物的名称,会用眼注视所说的人或物。

掌握婴幼儿智力发展的关键期

人的一生是由婴儿、少年、青年、中年、老年一个阶段一个阶段的量变到质变而形成的动态体系。就智力发展而言,从智力发展规律可以知道,婴儿期、少年期、青年期的智力发展最快,变化最大,而且在一定的程度上制约着一个人一生的智力发展水平,可以说,它们是人生智力发展的关键期,具有有效地发展心理某些方面的最佳可能性,以获得最高的学习效率。

国内外的研究表明:

2~5岁是教孩子怎样做到守规矩的关键期;

4岁以前,是形象视觉发展的关键期;

3~5岁是发展音乐能力的关键期;

4~5岁是开始学习书面语言的关键期;

5岁左右是数的概念形成的关键期;

5~6岁是掌握汉语词汇能力的关键期;

3~8岁是学习外国语的关键期;

3岁左右和青少年时期是培养独立性的关键期;

6~16岁是身体锻炼最有成效的时期,其中6~7岁是速度、灵敏度发展的最佳期,11~16岁、16~18岁是力量和耐力增长的关键期,等等。

关于"关键期"的研究,现在处在探索阶段,上面列举的也不是绝对的,应该说,处于不同条件下的孩子,以及处在相同条件下的不同儿童是存在着差别的。

婴儿的个性开始发展

10个月的婴儿已显出个体特征的某些倾向性，一些婴儿表现得活泼，而有的稳重，有的灵活，有的呆板。例如，有的婴儿不让别人抢走他手中的玩具或吃的东西，显得很“自私”；有的婴儿见别人有什么玩具就想要什么玩具；有的非常大方，把自己的东西送给别人，与别人一起分享；有的婴儿整天不声不响，任人摆布；而有的则不让别人碰一下，遇到生人就显示出戒备而啼哭。对成人的逗引，不同的婴儿则表现出不同的反应，如有的报以友好的微笑；有的则绷着脸，不理不睬；有的见人就打，还大喊大叫，表现出攻击行为。以上这些都说明了在婴儿期末婴儿就显示出了个性倾向，但这也不是固定不变的。

成人对婴儿的表现要区别对待，好的行为要加以表扬，如点头微笑，拍手叫好等；而不好的行为则要表示出不满意，并说“这样做不好”、“这样做不是好宝宝”等。10个月~1岁的婴儿已经具有较强的模仿能力，为了使婴儿形成良好的个性，成人的榜样作用是十分重要的；良好的榜样、和睦的家庭气氛是形成婴儿良好个性的重要基础。

>> **全脑开发小贴士**

宝宝出生后就有神经类型的差异，有的表现为好动，有的则比较文静。这些差异仅仅为儿童个性的产生提供可能性。通过后天的生活和教育影响，这些神经类型特点会不断发生变化，有些被改变了，有些被加强而逐渐发展起来。

10～12个月宝宝全脑开发营养方案

宝宝处于以乳类为主食向普通食物转化的时期，这个阶段的哺喂原则是营养要全面，以保证宝宝身体生长需要，三餐热量要根据幼儿活动的规律合理分配，食物品种要多样化，一周内的食谱尽量不重复，以保证宝宝良好的食欲。

宝宝饮食注意事项

营养要均衡。这个月龄的宝宝可以吃绝大部分谷物类食物，小米、玉米中富含胡萝卜素，谷类胚芽和谷皮中含有维生素E，应当给宝宝适量摄入。但要注意，谷类中有一些人体必需的氨基酸含量较低，而豆类中富含谷物中缺少的这类营养素，因此，在给宝宝搭配食谱时，注意搭配谷物和豆制品，才能达到营养互补的均衡效果。

不要给宝宝汤泡饭。为了保证宝宝的消化吸收功能和咀嚼能力，尽量不要用馒头泡汤或米饭泡汤的方式喂宝宝吃，免得汤水冲淡胃液，影响到消化吸收功能，泡软的饭食不能刺激口腔分泌唾液，充分分解食物，更不能持久锻炼宝宝的咀嚼能力，长此以往，只会使宝宝的消化吸收功能越来越差，造成营养不良。

断奶期宝宝的辅食及喂养

10个月以后宝宝的饮食已逐渐固定为每日早、中、晚三餐，主要营养的摄取已由奶制品为主转为以辅食为主。宝宝可以接受大部分易消化、刺激性不强的食物，生长发育所需蛋白质还是要靠牛奶供应。因而，周岁前的宝宝平均每天仍需500～600毫升的牛奶摄入量。

在喂养过程中应注意改变食物的形态，以适应宝宝机体的变化。此时稀粥可由稠粥、软饭代替;烂面条可过渡到挂面、面包和馒头;肉末、菜末可变为碎肉、碎菜。

每日三餐应变换花样,使宝宝有食欲。要给宝宝增加一些土豆、白薯等含糖较多的根茎类食物。增加一些粗纤维奶给宝宝,即在100毫升煮沸消毒过的冷牛奶中,加乳酸0.5~0.8毫升,或橘子汁6毫升,用滴管将乳酸慢慢地加入,一边滴一边搅,这样易于宝宝吸收。

除每日三餐外,还应该给宝宝吃两次点心。点心的种类可以是虾条、蛋糕、香蕉、苹果、橘子、草莓、饼干、白薯、西红柿、鲜果汁。

>> 爱心妈妈温馨提示

过咸的食物,含味精多的食物,含过氧化脂质的食物,如腊肉、熏鱼等;含铅的食物,如爆米花、松花蛋等;含铝的食物,如油条、油饼等,宝宝宜少吃。

10~12个月宝宝全脑开发营养食谱

枣栗子粥

【原料】

粥1小碗,栗子5个,枣5个。

【制作方法】

(1)把小枣用开水烫一下捞出,去皮去核。

(2)将去掉外皮的栗子肉切成小块,放入锅里加适量水煮熟。

(3)放入米粥、枣肉一起上火煮开即可食用。

虾米菜花

【原料】

菜花30克,虾10克,白酱油、精盐各适量。

【制作方法】

(1)将菜花洗净,掰成小块,放入开水锅中煮软后切碎。

(2)把虾洗净,放入开水中煮后剥去皮,切碎,加入白酱油、精盐煮,使其具有淡咸味,煮熟烂后倒在菜花上即可喂食。

栗子粥

【原料】

大米粥 1 小碗,栗子 3 个,精盐少许。

【制作方法】

(1)将栗子剥去内膜、外皮后,切碎。

(2)锅置火上,加入适量水、栗子,煮熟后,再与大米粥混合同煮一下,加入少许精盐,使其有淡淡的咸味即可喂食。

栗子山药姜枣粥

【原料】栗子 30 克,大枣 30 克,山药 60 克,生姜 6 克,粳米 100 克,红糖适量。

【制作方法】

(1)将栗子剥壳除皮,山药去皮洗净,大枣、生姜洗净,大米淘洗干净。

(2)锅置火上,放入适量清水,下大枣、山药、生姜、粳米同煮粥,粥成后加红糖调味。

【营养功效】栗子健脾止泻而富有营养,大枣益气养血,山药健脾和胃,生姜暖胃,此粥有温胃健脾、消滞止泻的作用。适用于婴儿消化不良、胃肠功能紊乱,或久泻不止、大便溏稀的疳积。早晚服食,连服 7 天为 1 疗程。

10～12个月宝宝全脑开发训练

10～12个月的宝宝视听觉都有了进一步的提高。所以选择能促进其感官发育的玩具，最好是让他们可以看到实物，并告诉宝宝这是什么，或者说出名称，最好让宝宝用手去指。这时大多数宝宝已经可以扶站并开始学走路了，父母要给宝宝提供一个安全的场所，让宝宝可以自由地坐、爬、扶走。

生活自理能力训练

捧杯喝水

鼓励婴儿自己捧杯喝水，由洒漏渐渐熟练到不洒漏，大人应放手让婴儿做。

培养良好的进餐习惯

从小给婴儿一个固定的座位，让他养成安静坐着吃饭的好习惯。

学习用勺子

用一个玩具勺子在玩具碗内学习盛起小球、枣、药丸、蜡壳等。有了这种练习，婴儿渐渐懂得用勺子的凹面将枣或小球盛入，放到另一个小碗内。

妈妈表扬婴儿“真能干”，为以后他自己吃饭打好基础。

语言能力训练

学“押韵”

选一首教婴儿念的儿歌，而且每句最后一个押韵的词要容易发音，如“小娃娃，甜嘴巴，喊妈妈，喊爸爸，喊得奶奶笑掉牙……”念时，故意加重每句最后一个字的语气，并将前面的字拉长，念成“小娃——娃”，以强调最后那个押韵的字。妈妈紧接着说：“宝宝，说‘娃’！”然后再念一遍“小娃——”故意不说出“娃”字，等着他说出。这样反复进行，使他逐渐能跟着妈妈把最后一个押韵的词都说出来。

教读字词

星期一至星期六每天教婴儿说一个字（词），如果有条件用普通话和英语交替着教（也可用其他外国语）。一天之中多次教读，星期天把6个字（词）复习几遍。例如：①妈妈——mother；②爸爸——father；③脸——face；④眼睛——eye；⑤鼻子——nose；⑥嘴巴——mouth。

注意教读时尽量结合实物或动作等。现在只需每天教婴儿读，让婴儿熟悉这些字（词），不强求婴儿能念、能认。

>> 好妈妈大讲堂

有一些宝宝能听懂别人说的话，也知道应该怎样回答，但话从嘴巴里说出来时，却变得含糊起来。而口腔运动具有健脑的作用，它能使面部血液循环加快，使大脑皮层处于兴奋状态。经常做口腔运动，可以使宝宝吐字清晰、讲话流利，对促进宝宝语言能力的发展很有帮助。

逗乐宝宝要适宜

不宜过分逗乐宝宝。适度逗玩宝宝有利于宝宝智力的开发，但是很多爸妈往往逗乐宝宝时间过长，对宝宝过分的逗乐不仅会影响宝宝的饮食、睡眠，而且可能伤及宝宝的身体，尤其在这几方面：

（1）宝宝临睡前不要逗乐。由于婴儿的神经系统尚未发育成熟，兴奋后往往不容易抑制。如果婴儿临睡前被逗乐会引起神经系统的兴奋，影响睡眠。

（2）进食时不宜逗乐。婴儿的消化功能不强，如果在进食时逗乐，不仅会使婴儿将食物吸进气管，严重时可能会引起窒息。如果把奶水吸入气管，则可能会引发吸入性肺炎。

（3）不要抛举宝宝。在日常生活中，常会看见不少大人为了逗婴儿开心，把婴儿向上抛。殊不知，如果大人一不小心，则会摔伤婴儿。

社交能力训练

与人分享物品

在宝宝12个月大的时候，妈妈可以抱起宝宝，让他接近生人，以此来锻炼宝宝的胆量和社交能力。可以让生人给宝宝一个小玩具，并且同宝宝玩一会儿游戏，让他渐渐放松，让宝宝慢慢适应与生人交往，当宝宝报以微笑向生人伸手的时候，就说明他已经具有一定的胆量了。让生人抱宝宝的时候，妈妈最好在旁边站着，这样能使宝宝内心感到安全。

还可以让宝宝和其他的宝宝一起玩耍，培养宝宝的交际与合作能力。在宝宝与同龄小伙伴玩耍的时候，可以让他们手里拿同样的玩具，在互相能看见的地方各玩各的玩具，这样宝宝之间就会模仿彼此的玩法，有时还会进行交流。如果玩具不同，他们就会互相抢夺，这个时候就要让宝宝学会礼让和共享，让宝宝一起玩，这样会使他们感受有伙伴的快乐。

平行游戏

让婴儿与小伙伴、家长一起玩。找出相同的玩具同小朋友一块儿玩，培养婴儿愉快的情绪。学步的婴儿如果在一起各用各的玩具学走，能互相模仿，互不侵犯，将加快独走进程。

训练宝宝主动配合

继续训练宝宝能配合大人的日常生活，如吃东西前会伸手让人洗手，吃完后会配合擦手洗脸、收拾干净等。培养宝宝良好的生活习惯。训练宝宝用动作表达愿望。将玩具和食品放在宝宝面前，训练宝宝会用点头表示同意，用摇头表示不同意。每次给宝宝食物时，先让宝宝点头表示同意，然后再给。使宝宝能够用动作表达愿望，加强对动作的理解能力。

>> 专家建议

经常给宝宝听节奏明快的音乐或给宝宝念押韵的儿歌，让宝宝随声点头、拍手，也可用手扶着宝宝的两只胳膊，左右摇身。多次重复后，宝宝能随音乐的节奏做简单的动作。让宝宝和小伙伴一起玩。让宝宝与小伙伴、家长一起玩，培养宝宝愉快的情绪。

情感培养

盖盖子

准备一只杯子和大、中、小 3 只盖子，其中只有一个盖子是正好盖在杯子上的。先教婴儿盖杯子的动作，然后再把 3 只盖子都给他，叫他"看用哪个盖子能把杯子盖好"。婴儿在反复盖上取下后，终于选中了合适的那个时，妈妈要给予鼓励。

让婴儿掌握物体之间以及物体特性之间的最简单的联系，启发他最初的思维活动。注意杯子最好是塑料制成的，防止摔碎后碎片伤到婴儿。

都是"灯"

教婴儿认识各种各样的灯。它们的大小、形状、颜色、所在位置都是不同的，如台灯、吊灯、壁灯、红灯、绿灯、日光灯等。不论你指哪盏灯，都应该说"这是灯"，并将灯打开再关上，使他认识灯的共同特点。

运用词的概括作用发展婴儿思维，提高其对语言的理解力。注意训练一段时间后，问婴儿："灯呢？"启发他指出所有的灯。

体能训练

玩拖拉玩具

你在前面牵引能发出响声的拖拉小鸭或火车，边走边说："宝宝追上小鸭子了！"让孩子在后面慢慢追着玩具走。你可故意停下脚步，让他捉到玩具，并给予鼓励，还可以让他和你互换位置，让孩子拉着玩具在前面走，你在后面追："小鸭、小鸭，等等我。"

玩大积木

用 20 ~ 50 平方厘米的大小不同的纸箱，做成空心或实心大积木，让孩子把积木叠起来，或搬运或用来攀登，使全身得到锻炼。注意在旁边保护孩子，防止纸箱叠放得不稳砸伤他。

>> **全脑开发小贴士**

运动可以分泌一种令人快乐的激素。很多妈妈的思想观念比较陈旧，认为宝宝还小，少做运动可以避免受伤，其实这样想是不正确的！妈妈带领宝宝做适合他的运动，宝宝不仅会心情大好，身体机能各方面也会呈现出非常好的状态，运动还会有助于宝宝消化。

宝宝记忆与思维能力训练

指图回答问题

在家长用图画故事书为宝宝讲故事时，妈妈问"谁在吃萝卜"，宝宝会指着兔子回答。又问"小花猫要到哪儿去"，宝宝会指着河边作答。训练宝宝对语言的理解能力，促进宝宝的智力发展。

也可以给宝宝看一本内容简单的图书，从中找出宝宝喜欢的一幅图，比如小猫咪，先让宝宝看一会儿。然后合上图书并问宝宝："小猫咪呢？"把图书给宝宝让他翻找，直到宝宝找到了再继续进行下一轮游戏。这个年龄段的宝宝比较乐意做寻找的游戏，通过寻找的过程认识和记忆事物，能够让宝宝的能力得到很好的锻炼。

与宝宝做找图游戏

家长找一个大一些的包装箱，并且在包装箱的六个面上贴上图画。贴上的图画要只有一个主题内容，比如动物、水果、房子、车等。然后让宝宝用手扶着箱子站着，家长先向他描绘第一幅画——“汽车”，并且让宝宝用手触摸汽车的图画，同时告诉宝宝汽车的特征：跑起来的时候会发出嘀嘀的声音。等宝宝记住了以后，大人就把包装箱转一个方向，并且问宝宝“嘀嘀在哪里”，这时，宝宝就会在包装箱的周围爬来爬去，最终找到汽车的图案并且兴奋地指给大人看。接着分别让宝宝学习其他的图画并让其记住，继续提问让宝宝找到那些图画，在找寻的过程中，宝宝的观察能力和记忆能力就得到了锻炼。

情感培育训练

喂，喂！爸爸吗

由于爸爸整天都忙于工作，和孩子一起玩的时间一定不够；即使是下班也一样，疲累的爸爸可能马上就呼呼大睡了。因此即使是白天也请尽量制造能让孩子和爸爸一起游戏的机会。

(1)爸爸常常从公司打电话回家，并在电话中和孩子说话。

(2)“有没有乖乖玩呀？”“爸爸现在在工作哦！”像这样地跟孩子说话，虽然孩子不一定都听懂，但可以让他听到爸爸的声音。

(3)此时对于对话还不熟练的孩子，常常只会说着自己想说的话，这时候就请爸爸这样回答：“是吗？”“知道了。”

动作能力训练

翻书训练

拿专供宝宝阅读的大开本、有彩图、薄而耐用的书，边讲边帮助宝宝翻看，最后让宝宝自己独立翻书。妈妈观察宝宝是否顺着看，从头开始，每次翻一页还是几页。宝宝开始时可能不分倒顺和次序，要通过认识简单图形逐渐加以纠正。随着空间知觉的发展，宝宝自然会调整过来。训练宝宝的精细动作能力，促进宝宝空间知觉的发展。

踢罐子

对于婴儿来说，一只脚支撑着体重且维持平衡，另一只脚抬高踢东西的确相当困难。妈妈可先扶住他的脚，从踢的动作开始，再一步步进展到站着踢，边走边踢。注意要有耐心，不可急于求成，更不要说“你真笨”“你不行”等刺伤婴儿自尊心的话。

训练宝宝作画

给宝宝笔和纸，笔以彩色蜡笔为宜，先训练扶着宝宝的手学握笔，比如给一条没有眼睛的鱼在鱼眼睛处点上小点，宝宝看到自己“会画鱼眼睛了”，十分兴奋，以后他会经常练习“作画”，实际上是胡乱涂画。训练宝宝控制手部肌肉的能力和手指的灵活性。

>> 专家建议

如果妈妈在生活中让宝宝更好地融入运动，宝宝一定会不知不觉地喜欢上运动的。也许一两天的运动并不会有什么明显效果，但是妈妈们不要心急，一定要具备耐心，只要长久地坚持下去，宝宝的身体一定会越来越强大的，每天的爬、坐、走，不仅能够让宝宝充分发挥自己的体能，还会让宝宝心情大好，这样更能促进宝宝与妈妈的亲子交流。

为宝宝念儿歌

12 个月大的宝宝喜欢随着儿歌做一些动作，他们常常会不自觉地随着一些旋律摇动自己的身体，大人念一些儿歌来锻炼宝宝的节奏感和韵律感，这确实是一种非常好的方法。利用念儿歌、做游戏的方式，让宝宝随着节奏学习和模仿大人的动作。

宝宝在儿歌的节拍下，能够在不知不觉中把握节奏，做得十分随意合拍。家长可以为某一支儿歌配动作让宝宝表演，如果演得好，就要给予表扬。在念儿歌、做动作的时候，一定要让宝宝按照节拍去做，这样才能真正锻炼宝宝的韵律感。

技能水平开发

拍手拍手

(1)妈妈和婴儿面对面坐着，妈妈说："请宝宝仔细看，请宝宝仔细听，看妈妈做什么，听妈妈做什么。"

(2)妈妈拍手，并且有节奏、有规律地拍手。节奏应为：×、×、×××，×、×、×××。

(3)让婴儿仔细看、认真听，反复进行几次，婴儿就会掌握其中的规律，和妈妈一起拍手。

(4)游戏进行一段时间后，妈妈可把拍手的节奏变得更为复杂一些。

训练婴儿的注意力、观察力，使婴儿能够较长时间地集中注意力，训练婴儿的模仿能力，培养婴儿的动手能力。

方的和圆的

(1)爸爸给婴儿两块积木(两块方形的积木)，一个塑料球(积木要比塑料球小一些)，教婴儿把一块积木搭在另一块上，再试着把塑料球搭在第二块积木上，婴儿尝试几次，但塑料球总是掉下来，滚到一边去。这时，爸爸再给婴儿一块方积木，让婴儿搭上去，这次没有掉下来，婴儿成功了。

(2)爸爸给婴儿一根小棒和一只小皮球，看看婴儿是否知道用小棒推着皮球滚动。然后拿走皮球，给婴儿换来另一样东西(比如一个罐头盒、一个易拉罐)，看婴儿是否会用小棒推着易拉罐滚动。

训练婴儿的观察力，让婴儿能够通过观察明白圆的东西可以滚动；训练婴儿肌肉的运动，提高婴儿手指的灵活性，让婴儿逐渐理解物体与物体特性之间的关系。家长不要急于教婴儿玩，而是要观察、启发婴儿自己去做。游戏结束，可由家长对游戏进行总结，以加深婴儿的理解。

>> 好妈妈大讲堂

宝宝已经可以辨识新旧，能学会技能，但还是没有拥有我们一般所谓的记忆：有意识地记得过去的事实和经历。这种“真正”而直接的记忆是逐步出现的，从婴儿期的晚期开始，在整个童年期中越来越进步。因此宝宝满10个月不但是情绪发展的里程碑，也是记忆发展的重要转折点。

数学与逻辑能力开发

问问题

由于宝宝的语言表达能力还不是很好。这个时期通常是采用手势来进行交流，尽管如此，大人也可以通过问问题来锻炼宝宝的理解能力和交流能力。有些宝宝在10个月大的时候就会用一个手指表示“1”，到了11个月的时候，家长可以让宝宝利用手势回答一些简单的问题。大人可以经常询问宝宝“你几岁啦”，让宝宝竖起食指表示自己1岁。

平时吃东西的时候，也可以提一些相似的问题。比如问：“你要几块饼干？”让宝宝理解问句，并且用手势来表达自己的意思，如果宝宝伸出一个食指就给宝宝1块饼干，这样宝宝就会逐渐理解问题以及“1”的含义。

这个时候宝宝的手势常常会多种多样，他们不仅能够利用手势来回答一些简单的问题，而且还能够用手势来表达自己内心的情感。当得到大人的表扬时宝宝会表现出高兴的样子，他们通常会笑，会鼓掌。这表明宝宝已经能够理解一些话语的意思，也同时能够表达一些意思。

此阶段，宝宝的认知能力有了发展，一直以来宝宝都主要从视觉、听觉方面获得外界的认知，11个月的时候，宝宝已经能够品尝一些食品了，此时大人可以让宝宝通过味觉来感知，从而锻炼宝宝的认知能力。

会动的图钉

准备一块吸铁石、螺丝、硬币、曲别针、纸片、橡皮、积木，两个小盒子、一枚金属玩具、塑料垫板。把铅笔、橡皮、纸张、积木放在一个盒子里，把曲别针、螺丝、硬币放在一个盒子里。妈妈先拿起吸铁石，在一个盒子里面吸螺丝、曲别针、硬币等物品，引导宝宝看。妈妈将金属玩具的底面放在塑料垫板上，用磁铁放在垫板下面移动，引导宝宝看："宝宝快看，金属玩具会'跑'啦！"

这个游戏能锻炼宝宝认识新事物的本领，认识吸铁石是对铁制品有吸引力的东西，可以使铁制品移动，宝宝自己拿吸铁石的时候，父母一定要留意，避免宝宝误吞引发危险。

>> 专家建议

人们往往认为数学逻辑智能就是算术，只是一种加减乘除的计算能力。事实上，除了计算之外，数学逻辑智能还包含逻辑和推理，模式、可能性和科学的分析。有时，数学逻辑智能还包括一种倾向，如建构问题、发现问题。

智力开发

自制画册

把一些构图简单、色彩艳丽的画面从旧杂志上剪下来，装订好，制成一本"婴儿画册"给婴儿看。看时，每张画面可停留 7～8 秒钟，并配以简要的介绍。例如，"这是一座漂亮的房子，房子前面的花园里开着很多美丽的花。""这是一只大花狗，它正在啃骨头吃呢！"家长可以经常和婴儿一道翻这本自制的画册，等到婴儿对画册中的内容非常熟悉以后，可让他按照父母的指令去翻找画册。如妈妈说："大花狗在哪儿呀？你给妈妈找一找。"如果婴儿不知所措，妈妈可握着婴儿的小手翻到大花狗那一页，说："原来大花狗在这儿呢！"

有目的地发展婴儿的注意力和观察力，并通过简短、清晰的语言与画面的有机结合，给予婴儿良好的语言刺激。如果婴儿实在不想看画册，这一游戏可推迟进行。

小棍够玩具

在和婴儿玩滚皮球的游戏时，父母故意将小球滚到婴儿能看到但用手够不着的地方，然后给他一支细长的纸棍，看他能否会用棍够玩具。如果他不会用纸棍够，父母可以给他示范，他就会照着做。

让宝宝认识物体与物体之间的关系，初步尝试使用“工具”。不要苛求婴儿能熟练地把玩具取出来，他只要能用棍子碰到玩具就很不错了。

给宝宝讲故事

通过给宝宝讲故事，可以让宝宝逐渐理解词汇的含义。家长在讲故事的过程中，可以采取一些比较形象的表达方式，比如做一些肢体动作，或找一本图画刊物，让宝宝在听故事的过程中，可以通过图画形象理解故事。这样不仅有助于宝宝理解能力的提高，还能够开发其右脑智能。家长可以买几本色彩鲜艳、内容简单，带有一些故事的图画书，每天让宝宝看书，并且给他讲故事。通过循序渐进地诱导，宝宝的理解能力就能够得到提高，而且还能培养他爱看书的习惯。

>> 全脑开发小贴士

一岁宝宝智力开发的重点是首先要满足宝宝的好奇心，满足宝宝对亲人依恋的心理需求，然后再从练习其手眼协调能力、对语言的理解能力、鼓励模拟行为、学习指认生活中常见物品、熟悉自己身体各部位等入手，从身心各方面促进其全面发展。

10～12个月宝宝全脑开发游戏

在孩子成长过程中，父母经常都会和孩子做些亲子游戏。父母一定要重视亲子游戏，尤其是妈妈。可是家长们该如何和孩子们做游戏呢？那么，下面来看看孩子玩的小游戏吧。

投球

游戏目的：锻炼宝宝身体的协调能力和平衡能力。

游戏方法：把一个方凳倒立放置，用红毛线绳把四条腿围起来当球筐。妈妈引导宝宝在离“球筐”2～3米的地方抱球准备扔球，当妈妈喊“一，二，投球”时，让宝宝把球向“球筐”内投去。

如果宝宝投进了，妈妈要表扬。可以反复多次，让宝宝听妈妈的口令去投。

熟悉小动物

游戏目的：培养宝宝的认知能力。

游戏方法：读一本有关动物的书，强调每种动物的名称，然后去一趟动物园、水族馆或宠物店，再次向宝宝说出所见动物的名称，让宝宝将图书上的动物与现实中的动物结合起来。

尺子过夹缝

游戏目的：训练宝宝的思维能力。

游戏方法：让婴儿站在藤椅后面（一般的“瓦片椅”——椅背和椅坐之间有大

约两寸的空隙),使他的手指能够自由地在空当中间出入。母亲在椅子上竖直地(妈妈自己在前边用手不时地固定"竖直"的位置)放好一把长尺(或是一块长形木头),然后叫孩子从椅子后面通过空当把尺子拿过来。婴儿抓住尺子,但不知道应该把尺子横过来才能通过空当。当婴儿怎么也拿不出尺子时,妈妈再把尺子放倒,让婴儿通过空当很容易地取出尺子。

该游戏可以在婴儿脑子里形成一系列的连锁思维,使他初步掌握关于空间位置要互相适应的道理。第二、第三次可以换上别的长形玩具(其宽度要能通过空当),让婴儿自己动一下小脑筋取出来。

>> 爱心妈妈温馨提示

玩是孩子的神圣工作。玩可以帮助宝宝"发现自我和确定自我"。当宝宝通过体验和玩的方式建立自己的知识架构的时候,他们能把所学习到的东西更充分、更综合地运用到生活中,并且成为将来学习和掌握知识的基石。

白兔竞走

游戏目的:锻炼宝宝的身体协调能力和平衡能力。

游戏方法:选择在室外进行时,可在平坦的地面上画一个圆圈;选择在室内进行时,可在一张圆桌旁。

准备好两张硬纸板,妈妈和宝宝分别头顶大小相同的硬纸板,装扮成两只大白兔,面对面隔圆圈或圆桌而站。

游戏开始后,妈妈和宝宝同时按顺时针方向走,途中不能用手扶头上的东西。

如果头上的纸板掉下来,就必须在原地捡起放回头上,才能继续进行。看谁先回到原位,谁先回到原位谁就获得胜利。

打开，关上

游戏目的：训练宝宝的逻辑思维能力。

游戏方法：拿一个可以装许多不同物体的盒子，盒子上应有用铰链连接的盖子，向宝宝展示一下盖子是怎样起作用的。然后将一些东西，如苹果、球或他喜欢的任何别的东西，依次放入盒中，然后再去寻找它们。在这一阶段，宝宝已形成“物体永存”的概念，通过盒子的开合来强化这个概念是很受宝宝欢迎的。

>> 好妈妈大讲堂

在游戏中父母要问一些开放性的问题，而不是有确切答案的问题，这样将有助于父母扮演好一个“学习伙伴”的角色。例如，一个开放性的问题是这样的：“今天在一起的时候，有哪些是最吸引你的？”这样可以任由孩子去描述。而一个封闭性的问题是这样的：“告诉我在冥想的时候，我们都做了哪些事情？”这样好像老师的提问，小小的宝宝可记不住哟。

套玩具

游戏目的：增强宝宝细小动作的协调性。

游戏方法：这种游戏的玩具形状相同，但大小不同，能一个个地套起来，如俄罗斯套娃。父母先向宝宝展示一下它们是怎样被套进去的，然后让宝宝自己试着做。

宝宝找玩具

游戏目的：训练宝宝对前、后、左、右方位的认识。

游戏方法：妈妈拿出几个宝宝喜欢的玩具，比如小布熊、小狗等，然后在宝宝情绪愉快的时候和他进行游戏。如果宝宝情绪不好，和他做这个游戏容易惹怒宝宝。

妈妈先当着宝宝的面，将玩具放到自己身后，然后鼓励宝宝去拿，“小狗在妈妈身后，宝宝过来拿。”

然后再将玩具放到宝宝身后，鼓励宝宝转身去拿，同样要用语言进行引导和强调：“玩具在宝宝背后哦，宝宝转身就能看到。”“玩具在宝宝的左侧，宝宝用左手拿。”“玩具在宝宝的右侧，宝宝用右手拿。”宝宝不能做出相应的动作时，妈妈要加以引导，告诉宝宝该怎么做。

通过游戏，可帮助宝宝认识更多的方位。当宝宝的空间感强起来后，妈妈还可以说“宝宝，站到妈妈的后面”“宝宝，到妈妈面前来”之类的话。如果宝宝做对了，妈妈要及时给予鼓励。

>> **全脑开发小贴士**

大自然为我们提供了非常宝贵的空间，至少可以有空间让宝宝跑、喊、玩，释放他们体内由于受到不同压力而淤积的能量。另外，因为户外比室内有更多的氧气，所以孩子可以做更深的呼吸，帮助孩子获得看待事物的新观点，探索这个世界和未知的大自然。

智力测试

1. 拉绳取物：

A. 无目的地乱抓（2 分）

B. 直接去够取环或玩具（5 分）

C. 拉绳取环或取到玩具（10 分）

计分：以 5 分为合格。

2. 认识新的身体部位：

A. 不认识新部位(0 分)

B. 认识大拇哥(或者 1 个新的部位)(5 分)

C. 认识一根手指如食指(或另一个新的身体部位)(5 分)

D. 大拇哥和小拇指(或者两处新部位)(10 分)

计分:以 10 分为合格。

3. 在一分钟之内把小球放入瓶中:

A. 1 个(3 分)

B. 2 个(6 分)

C. 3 个(9 分)

D. 4 个(12 分)

计分:以 9 分为合格。

4. 捏取葡萄干或爆米花:

A. 用手掌拨弄(3 分)

B. 大把抓(5 分)

C. 食指拇指捏取(10 分)

计分:以 10 分为合格。

5. 用姿势表示语言如再见、谢谢、您好、握手、鼓掌、碰头、亲亲、虫虫飞、鸟飞、挤眼睛、噘嘴等:

A. 1 种(3 分)

B. 2 种(6 分)

C. 3 种(9 分)

D. 5 种(12 分)

E. 7 种(15 分)

计分:以 12 分为合格。

6. 有目的地称呼亲人:

A. 无人时乱叫(2 分)

B. 爸妈中的其中一个人(5 分)

C. 爸爸和妈妈(10 分)

计分:以 10 分为合格。

7. 喜欢小朋友,同人打招呼:招手、点头、笑、摇身体、跺脚、尖叫等:

A. 不理(0 分)

B. 1 种(3 分)

C. 2 种(6 分)

D. 3 种或以上(9 分)

计分:以 9 分为合格。

8. 穿衣:

A. 大人拿胳臂放入袖内(2 分)

B. 自己会伸入一侧(4 分)

C. 自己把胳臂伸入双侧袖内(6 分)

计分:以 6 分为合格;

9. 捧杯喝水:

A. 不会用杯(0 分)

B. 要大人扶持(5 分)

C. 不用大人扶持略有洒湿(9 分)

计分:以 9 分为合格。

10. 学走:

A. 扶物摸跨(6 分)

B. 学步车内走(8 分)

C. 双手牵着走(10 分)

D. 一手牵着走(12 分)

以 10 分为合格。

11. 爬行:

A. 俯卧打转(3 分)

B. 腹部靠床匍行(6 分)

C. 手膝慢爬(8 分)

D. 手足快爬(10 分)

以 10 分为合格。

12. 扶站时:

A. 蹲下但捡不着(8 分)

B. 不敢蹲下(3 分)

C. 能蹲下捡物(10 分)

以 10 分为合格。

测试分析第:1 ~2 题测认知能力,应得 15 分;第 3 ~4 题测精细动作,应得 19 分;第 5 ~6 题测语言能力,应得 22 分;第 7 题测社交能力,应得 9 分;第 8 ~9 题测自理能力,应得 15 分;第 10 ~12 题测大肌肉活动,应得 30 分,共计可得 110 分,统计宝宝的全部分数,将其相加后,得出以下结论:

110 分以上:优秀。

70 ~110 分:正常。

70 分以下:暂时落后。

13~15个月宝宝全脑开发

13～15个月宝宝发育特点

这个年龄段宝宝的运动和感觉能力有了明显提高，而且会模仿做操，会和着节拍活动手脚和身体。多数宝宝在这个阶段已经学会了走路，而且活动能力有了大大加强，可以说一些简单的词语来表达自己的需要，理解力和语言能力有了很大进步，手眼配合能力有了很大提高，喜欢用笔在纸上涂画。

智能发育

13～15个月龄的宝宝能独立走稳，扶着栏杆上下楼梯。

萌发好奇心，对感兴趣的东西都想接触一下。能用积木叠塔，叠小套筒，用棒状物插入小孔，握笔在纸上乱涂。能听懂成人日常言语，说出几个有意义的词。会有意识地叫爸爸、妈妈及称呼周围熟识的人，能认识常见的实物，知道自己的名字，用几个单字表达自己的意愿。会用勺装上食物放入口中，裤子湿了会表示。开始对小伙伴感兴趣，会把玩具给人或与人争夺玩具。

产生独立心理，什么事情都想自己做。见陌生人开始出现害羞的表情，喜欢显示自己的成功，做错事会感到内疚或不安。

动作能力

1岁多的宝宝已经有了独立的意识，他们已经不满足于让大人为他们做好一切，而更愿意学着自己做一些事情。

孩子已经能够行走了，开始厌烦母亲喂饭了，他要试着自己穿衣服，拿起袜子知道往脚上穿，拿起手表往自己手上戴，给他个香蕉他也要拿着自己剥皮。

语言能力

13～15个月的孩子不但会说爸爸、妈妈、奶奶、娃娃等，还会使用一些单音节动词如拿、给、掉、打、抱等。发音还不太准确，常常说一些让人莫名其妙的语言，或用一些手势和姿态来表示。

认知能力发育

这个时期的宝宝精力旺盛，好奇心强，对于周围的所有事物都有着强烈的探求欲望。宝宝不断增强的观察思维使他们具有了更强的学习能力。他们会学习大人的动作，这时父母可以将自己平时用的一些安全的小器物给宝宝当玩具，让他们了解这些器物的真正用途，这对于提高宝宝的知行能力十分重要。刚满1岁的宝宝已经有了空间意识，他们能够将物品与周围的环境建立起联系，有了远近、高低的概念，也学会了识别物品的形态和颜色等特征，这时需要父母适时地进行引导，促进宝宝的学习。

>> 好妈妈大讲堂

认知能力是指人脑加工、储存和提取信息的能力，即人们对事物的构成、性能与他物的关系、发展的动力、发展方向以及基本规律的把握能力。它是人们成功的完成活动最重要的心理条件。知觉、记忆、注意、思维和想象的能力都被认为是认知能力。

情感和社交能力发育

1岁多的他们由于自我意识增强，也更愿意得到大人的表扬，因此当宝宝出色地完成了一个指令时，一定要表扬他们，满足宝宝的成就感，这更有利于他们的情智发展。

这一阶段的宝宝开始有了社交的愿望，他们愿意与其他宝宝玩耍，而且会在玩耍过程中表现出友好与协作的态度。

不听话的处理方法

抗拒行为是宝宝成长中的正常表现。1 岁多的宝宝已有了一个自我意识和独立意识。初步认识到了自己是一个独立的个体,对自己的玩具和衣服也有一种独占的心理。宝宝的抗拒行为就是这一心理发展的外在行为表现之一,此外还有宝宝对周围环境的好奇心、探索的热情等。

宝宝不听话时,简单粗暴的禁止不但效果不好,而且还容易挫伤宝宝的自尊心、自信心,抑制了自我独立意识的发展。较好的办法是转移宝宝的注意力,比如要想不让他玩脏东西,你就要拿一样干净的、宝宝更感兴趣的东西来替代。此外,在对待宝宝的抗拒行为上家长可做一些非原则性的让步,也就是说在一些无关紧要的小事上可不必太在意,让宝宝顺着自己的意志去做,给他多一些发展的机会。但在一些基本的行为习惯方面还是要注意对宝宝的培养,比如良好的睡眠习惯、卫生习惯等。

如何对待孩子的抗拒行为,最主要的是要把握好孩子任性的程度,孩子的主动表现和自我主张是培养独立性的起点。父母应该知道开放式的关怀可以长期影响孩子的自我形象和他们处理问题的方法,甚至是他们的健康。这里给父母提以下几点建议:

(1)适当地赞扬孩子的行为,如“你搭的塔真大!”等。当然,这种赞扬应该准确、真诚,避免过分的言辞。

(2)不要提问或发布命令。你的任务只是观察,说出你的意见,而不是去控制或指导孩子。

当孩子开始调皮时警告或提醒他们,这是培养孩子自我控制能力的最佳办法。

(3)用表扬或欣赏来肯定好的行为,以此塑造积极性的行为,对孩子故意吸引你注意的行为不要去理他。

心理发育特点

这时的孩子更喜欢看图画、学儿歌、听故事,并且能模仿大人的动作,能搭1~2块积木,会盖瓶盖。有偏于使用某一只手的习惯。喜欢用头表达自己的意见,如果你问他喜欢这个玩具吗?他会点头或摇头来表达。你要问他几岁了,他会用眼注视着你,竖起食指表示1岁了。

1岁的孩子,虽然对学习很有兴趣,但教他知识时,一次只能记一种,记住后,巩固一段时间再教第二种。在日常生活上,如给他苹果、香蕉、饼干,要从1开始,竖起1个手指表示1,你还可以反过来问他,"是几个?"也让他学习用语言表达1,并竖起食指表示1。这种方法可以发展数字概念思维。让孩子有轻松愉快的情绪,就要对孩子不舒适的表示及时作出反应,让孩子感到随时处于关怀之中,这样孩子才会对环境产生安全感,对他人产生信任感。家长不要担心这样会把孩子"宠坏了",其实,宝宝在家长的亲切关怀下,得到安抚和愉快,有利于学习和探索新的事物。

>> **全脑开发小贴士**

1岁多的宝宝逐渐地变得"不听话"了。你让他吃饭,他偏不吃;你要让他这样,他偏要那样。出现这种抗拒行为的原因,主要是因为这时的宝宝已开始逐步认识到自己是一个独立的个体了,有时甚至不接受父母的劝阻,明明知道是父母不同意的事,却偏要坚持干下去。

转移注意力是一个消除宝宝抗拒行为的好办法。如果孩子要玩一个脏玩具,你可以给他一个干净的玩具取而代之,或开始一项有趣的活动,这样比简单地禁止他玩脏东西效果要好得多。

13~15个月宝宝全脑开发营养方案

许多学步宝宝的食欲比以前有所下降，有的则表现为挑食。而且，这个时期宝宝对食物的喜好表现得没有规律，不要要求宝宝总是以同样的方式吃东西。此阶段幼儿的消化器官尚在完善中，虽然已经在吃普通食物，但不能与成人饮食完全相同。

保证宝宝饮食多样化

从现在起，宝宝进入以乳类为主食的食物结构向普通食物结构转化阶段，宝宝每日食谱与成年人食谱差别越来越小。在这个阶段里，要注意保证营养全面，满足宝宝日益增长的身体发育的需要，每天的3餐要依据宝宝活动的规律合理搭配，兼顾热量、脂肪、蛋白质、微量元素等食物营养素的均衡摄入，每天每餐给宝宝的食物品种要尽可能多样化，一周内的食谱尽可能不要重复，以维持宝宝良好的食欲和正常营养素摄入。

13~15个月宝宝全脑开发营养食谱

薏米绿豆百合粥

【原料】薏米100克，绿豆50克，百合150克。

【制作方法】

(1)将薏米、绿豆分别去杂质、洗净，将百合掰成瓣，撕去内膜，洗净。

(2)锅内加水适量，上火，先放绿豆煮至豆熟，加入薏米煮至将熟，再加入百合，用小火煮成粥，加入适量白糖即成。

胡萝卜牛肉粥

【原料】胡萝卜 30 克，牛肉 15 克。

【制作方法】

(1)牛肉洗净剁碎、调味，胡萝卜去皮切粒。

(2)煮好白米粥后把牛肉、胡萝卜放入粥内，煮熟并调味。

炖排骨

【原料】排骨 300 克，粥或者面条适量。

【制作方法】

(1)新鲜的排骨洗净，切成小块，在清水中稍浸。

(2)高压锅内加冷水、姜、葱、大料、少量的醋，放入排骨，煮 30～40 分钟，取炖好的排骨加在宝宝的粥或面条中烹调食用，或直接吃肉，或加菜炖后食用。

虾皮蛋羹

【原料】虾皮 10 克，鸡蛋 1 个。

【制作方法】

(1)虾皮择去杂质，洗一下，鸡蛋磕入碗内搅打成泡，然后放入虾皮搅拌均匀。

(2)将鸡蛋液碗放入蒸锅中蒸熟，佐饭吃。

【营养功效】虾皮含钙、碘丰富，是小儿骨骼生长必不可少的食品。此羹经常食用，可防止小儿骨骼钙化不全的症状。

13～15个月宝宝全脑开发训练

13～15个月的宝宝对于行走具有极大的兴趣，大部分这个年龄段的宝宝都能够独立行走了，只不过有时走得不是很平稳，因此大人要多给宝宝一些锻炼的机会。同时其他方面的训练也要跟上。

动作能力训练

学步游戏

可以让宝宝跟着大人走，大人保持亦步亦趋的节奏，并且逐渐拉长距离让宝宝充分练习走路。除此之外，还可以和宝宝做一些游戏，让宝宝加强行走的平衡能力，比如可与宝宝一起玩扔球、捡球、找东西的游戏，训练宝宝独自在地上玩、独自蹲下捡东西、独自站起并稳步地行走。还可以让宝宝拉着小拖车之类的玩具练习走路，同时可以让宝宝学习拉着玩具侧着走和倒退。

为了提高宝宝游戏的兴趣，让他能够快乐地行走，大人可以采取一些充满趣味的游戏来调动宝宝的积极性，这样会让训练的效果更好。比如玩拖拉玩具的游戏：大人在前面牵引发声的拖拉小鸭子或火车，让宝宝在后面慢慢追着玩具走，边走边说："宝宝追上小鸭子了！"大人可以适当地故意放慢或停下脚步，让宝宝追到玩具，这时可以给予鼓励和表扬。当然，大人还可以和宝宝互换位置进行游戏。

矮滑梯游戏

妈妈带宝宝到公园，选择一个高约0.8米，台阶每级高约10厘米的矮滑梯。引导宝宝双手扶着上楼梯，到平台处妈妈要扶着宝宝坐下，然后让宝宝扶着栏杆慢慢滑下。

也可以在家里安置滑梯，比如在桌旁斜靠一块木板，在妈妈的照顾下，让宝宝先上小凳子，再上椅子，再爬上桌子，坐在木板上滑下来。

会动的玩具

培养宝宝身体运动协调能力及平衡感、灵活性。在宝宝喜欢的一个动物玩具上系一根绳子，把玩具放在房间中央的地板上。将绳子的另一端放在另一个房间里，不要让宝宝看到，但要让宝宝看到他的玩具。爸爸悄悄走到另一个房间，不要惊动宝宝，拉动细绳，让玩具动起来，宝宝就会跟着玩具向前走。妈妈可以充当引导者的角色，告诉宝宝："它在那里！""跟着它！"一直到宝宝厌倦了，爸爸就拉起绳子，让宝宝明白刚才发生了什么事。

>> 全脑开发小贴士

训练宝宝能够稳定地独自站立，之后再练习独自行走，开始可在家长间学走，再到独自走几步，以后逐渐增加距离。拖拉玩具可以增加学走的兴趣。此类训练可以增强宝宝的身体平衡性。

1 岁左右的宝宝正是蹒跚学步的时期，利用宝宝喜欢的玩具，可以锻炼宝宝独立行走的能力。

感知能力训练

拓印

大人把自己的手或脚蘸上颜料后印在纸上，并指着手印（脚印）告诉婴幼儿："这是妈妈的手印（脚印）。"大人也可以帮助婴幼儿往手、脚上涂颜料，然后压印在纸上。有兴趣的话，还可以把印有婴幼儿手（脚）印的纸贴在墙上，这是婴幼儿与众不同的作品。通过手或脚的拓印，让婴幼儿感知不定形的奇妙，体验拓印的快乐。

皮球在哪里

对宝宝加强感知能力的训练，可以在原来视听训练的基础上，继续让宝宝多看看周围的人和物，并且可以用两个人（或物）进行训练。大人可以让宝宝的视线从一个人（或物）转移到另一个人（或物）上。可以用声音或动作吸引宝宝转移视线。例如，妈妈可以在床的右侧和宝宝说话，而爸爸则在床的另外一侧鼓掌。这样就可以让宝宝立刻将视线转移到爸爸身上。

对宝宝感知能力的训练不要忽略训练触摸能力。可以在宝宝面前触手可及的地方放上玩具，比如木线轴、小硬纸盒、毛线球等，让宝宝自己伸手触碰玩具。这个阶段最重要的是用各种不同材质的玩具来扩大宝宝的触摸感觉。当然，也可以结合日常生活和一些事物的图片，让宝宝认识各种水果及日常用品。有的时候，还可以把几种实物，如苹果、玩具汽车、皮球等放在一块，然后问宝宝："皮球在哪里?"让宝宝用手或眼找出皮球。如果宝宝还不能辨认，大人可以提示他，这样反复几次，宝宝就能够辨认这些事物了。

>> 好妈妈大讲堂

伴随着宝宝的成长，宝宝注意力比以前集中了，但是目的性和感知性仍较差，很容易被无关的事物所吸引。妈妈可以和宝宝一起进行一种有目的、有计划、较持久的感知活动，锻炼宝宝对事物的专注及感知能力。妈妈也可以利用简单的触摸、讲故事或尝试一些需要技巧性的游戏，寓教于乐。培养宝宝的感知能力，为宝宝建立事物抽象的联想能力。

语言能力训练

说出名称

这个年龄阶段的宝宝已经开口说话了，父母应首先给宝宝看些画片、幼儿图书等，教宝宝正确认识各种物体的名称以及简单的用途。要经常带宝宝出去玩。使宝宝认识外界更多的东西，在教宝宝认识的过程中要多引导和鼓励宝宝自己说出这些物体的名称，主动称呼周围的人，即正确地命名物体。对各种东西父母都要问："这是什么?"启发宝宝说出名称，宝宝说不出时要清楚地告诉宝宝，反复强化。使宝宝能够说出更多物体的名称。

“不”和“是”

让宝宝初步掌握用肯定和否定来表述他的意愿的方法。当宝宝用“啊”“咿”这些象声词要东西或者让别人干什么时，应该在满足他的要求时，对“对”与“不对”说“是”或“不”。

如果宝宝说：“啊——”手指苹果，意思是他想要，妈妈可拿给他，但要问他是否想要苹果，要让宝宝说“是”或“不是”。如果宝宝着急要水喝，又发出“啊，啊”声，妈妈一定要宝宝说“是”，才能递给宝宝水。

日常生活中，有很多方法能帮助宝宝学习说话，这些都是锻炼宝宝语言智能的好机会，父母要多把握。

用简单的语言表达自己的意图

13～15个月的宝宝已经掌握了一些词汇，并且能够说出一些物体的名称。这样宝宝表达意愿的方式就由当初的模糊表达转变成了比较清楚且容易被理解的语言表达。这是宝宝语言能力发展的结果，因此，大人要把握住这个好时机，让宝宝用简单的词汇表达自己的意图。

(1)让宝宝认识更多周围的物品，并且说出物品的名称。开始训练时，大人要反复地教宝宝说一个词，并且展示实物让宝宝加深印象，这样宝宝以后再见到这个物品时不仅能够说出其名称，而且还会表达自己想要此物品的意愿。

(2)可以常带宝宝出去玩，让宝宝认识更多外界的东西，在教宝宝表达自己的意图时，要多引导和鼓励。比如，宝宝要吃东西的时候，大人可以对他说：“宝宝要吃什么呀？”主动询问、提示宝宝去表达自己的意图。

记忆智能开发

火车开了

准备一盘模仿火车节奏的音乐磁带和一把小凳子。妈妈引导宝宝模仿火车的声音：“咔嚓，咔嚓，呜——”妈妈可用儿歌的形式，和宝宝一起开火车：小板凳啊摆一排，我和宝宝坐上来，坐上来呀坐上来。我的火车跑得快，我当司机把车开，轰隆隆……妈妈和宝宝也可分别坐一个凳子，进行比赛，看谁跑得快。

这个游戏能锻炼宝宝的听觉，并能提高宝宝的音乐能力，使宝宝的身体动作与音乐的节奏相一致。这对开启宝宝的音乐智能也有很大的帮助。

提示宝宝接着背诵儿歌

让宝宝背诵儿歌可以培养宝宝的记忆能力。这里以儿歌《闪烁的小星星》为例，儿歌原文：一闪一闪亮晶晶，满天都是小星星，挂在天空放光明，好像许多小眼睛。一闪一闪亮晶晶，满天都是小星星，太阳已经向西沉，乌鸦回家一群群。星星眨着小眼睛，闪闪烁烁等天明。

家长锻炼宝宝记忆能力的具体做法：

(1)用动作提示宝宝背诵。大人可以为儿歌配上相应的动作，比如当念到"一闪一闪亮晶晶"一句时，配上眨眼睛的动作；念到"满天都是小星星"一句时，可以配上张开双手的动作。这样，当宝宝在背诵儿歌时忘记了，大人就可以做相应的动作提示宝宝，让宝宝继续背诵。这不仅能够使宝宝的记忆能力得到提高，而且还能锻炼宝宝的理解能力。

(2)大人可以通过提示一两个字，为宝宝继续背诵指路。比如宝宝忘记了"挂"或"挂在"，这样适当地点出一两个字或词就能够让宝宝的思维回到儿歌中来。

(3)通过生活场景来提示宝宝背诵儿歌。比如，宝宝忘记"太阳已经向西沉"，可以钟表提示时间的方法，引导宝宝背诵儿歌。

杯子钢琴

妈妈为宝宝准备5~8个相同的玻璃杯，里边分别装上不同体积的水。给宝宝一根筷子，让宝宝随意敲打这些杯子，让宝宝听听声音是否一样。

让宝宝将杯子按杯中水由多到少的顺序排列，再逐一敲击，宝宝会听到像钢琴一样好听的声音。再引导宝宝按杯中水由少到多的顺序排列杯子，再逐一敲击，让宝宝听声音。

这个游戏可以让宝宝感知敲击杯子声音的不同与杯子里水的多少有关，从而锻炼宝宝的听觉判断力及探索能力。宝宝从这个游戏中得到满足感以后，就会开始尝试敲击身边触手可及的一切物品，比如桌子、椅子，甚至是电视机和冰箱。这时父母一定要在旁边指导，告诉宝宝哪个是危险的，是不能碰的，再通过这个机会强化一下宝宝的危险意识。

思维能力开发

装尺子

妈妈为宝宝准备一个盛玩具用的小桶和一把尺子，注意尺子的长度要大于小桶的口径。妈妈先给宝宝做示范，引导宝宝向桶里装玩具，当开始装尺子时，如果宝宝要横着装，就会没有办法装进去，此时妈妈应教宝宝竖着装。

这个游戏比较简单，但是却能提高宝宝的思考能力，让宝宝知道物品怎样装才能装入桶内，而且还能锻炼宝宝的动手能力。

游动的小鱼

准备一些彩色玻璃糖纸，先把玻璃纸剪成小鱼的形状，在它身上画上一片片鱼鳞，再点上眼睛，一条可爱的“小鱼”就做好了，再准备一杯水。

在游戏前，让宝宝观察剪好的“小鱼”，了解它们颜色、大小的差别。把用玻璃糖纸剪成的“小鱼”在水中浸一下，平放在手掌上，“小鱼”就会动起来，好像活了一样。

把“小鱼”放进鱼缸，“小鱼”也能在水中一动一动。引导宝宝比较“小鱼”浸水前后的不同状态，感知它的动静变化。

> **>> 全脑开发小贴士**
>
> 思维通常也被叫作思考，是一种比较复杂的心理活动，思维不是宝宝一生下来就会的。新生儿还没有思维能力，大约到1岁时，思维能力才开始逐步发展起来。而且发展是有层次、有规律的，是从低级向高级发展的，表现为直觉运动思维→具体形象思维→抽象逻辑思维。

当水进入玻璃纸后，玻璃纸膨胀，就动起来了，游戏能提高宝宝的兴趣，父母可引导宝宝思考，从而提高宝宝的逻辑思维智能。

让宝宝学习“画画”

让宝宝学习画画的目的，是为了开发他的图形认知能力和动手能力。画画这一活动需要具有一些图像概念的思维能力，这正是右脑智能开发的一个切入点。

同时在宝宝的涂涂画画中，还能锻炼他的手指灵活性，并且培养他对色彩、绘画的兴趣。

让宝宝坐在桌子前面，大人先用画笔在纸上画一个娃娃脸或小动物，然后涂上各种色彩，让宝宝对绘画产生兴趣。当宝宝跃跃欲试时就会把小手伸向大人要画笔，这时大人就可以把画笔给宝宝。开始的时候，可以先教宝宝用整个手握画笔，并且扶住宝宝的手帮助他在纸上作画。接着慢慢地放开手，让宝宝自己在纸上任意画。先不要管画得怎么样，主要是看宝宝愿不愿意继续下去，所以不管他涂成什么样子，都应该夸奖和鼓励他。

创造性思维能力开发

摸一摸，说一说

准备一些宝宝熟悉的餐具，如小碗、小勺、茶杯、小盘、奶瓶等，以及一个布口袋，然后让宝宝边说上述物品的名称，边将物品放入袋子中。

让宝宝将手伸到口袋中摸到一件物品，说出物品的名称，再拿出来看看说得对不对。

如果宝宝说对了，就让宝宝继续摸；若宝宝说得不对，就由妈妈来摸，然后妈妈说出是什么物品。

宝宝再听妈妈的指令，妈妈让摸出茶杯，宝宝就在袋子中摸出茶杯；反过来可以让宝宝发出指令，让妈妈来摸。

>> 爱心妈妈温馨提示

13个月以后的宝宝有了味觉、嗅觉和触觉，对物品有了手感，知道软硬、冷热。这个游戏不仅能提高宝宝对触觉能力的把握，还能提高宝宝的判断力和总结经验的能力。多做此类的练习能培养宝宝独立做事的个性。

神奇的小房子

培养宝宝的想象能力与创造能力。在房间空闲位置上摆放一张轻便的小餐桌，妈妈用床单或毯子等覆盖物把桌子盖起来，桌下便形成一个小房间。将覆盖物的一角向上折起，作为小屋的门。妈妈和宝宝一起进入这个新奇的小屋。妈妈还可以和宝宝在小屋子中玩捉迷藏的游戏，先让宝宝藏在里面，妈妈找；然后再换妈妈藏在里边，让宝宝找。妈妈也可让宝宝自己“探索”这个有趣的小房子。

通过和妈妈一起建造小房子，再进入小房子，宝宝能逐渐了解人与房子之间的关系，同时还能锻炼宝宝的创新能力。

人际交往能力训练

做个小主人

提高宝宝对家人的关爱。准备一个小围裙和几个茶杯。全家人一起围坐在沙发上，茶几上放有茶盘和几个小小的杯子，杯子里各盛一半水。

妈妈让宝宝戴好围裙，激发起宝宝为大家送水的兴趣，然后让宝宝双手端着杯子，逐一送到全家人的手中。并让宝宝边送边学说：“请爸爸喝水。”“请妈妈喝水。”父母应回答：“谢谢宝宝！”通过与家人的演示和互动，宝宝会逐渐养成心中有他人的良好品质，从而增强与他人的合作能力。

玩皮球

首先让宝宝站在大人的对面，大人先给宝宝做示范将皮球抛出，然后再把球递给宝宝，让宝宝模仿抛球的动作，让他反复抛球，逐步能把球抛出1米以外。

接着，给宝宝一个小皮球，教宝宝举手过肩将球向前抛出，刚开始的时候由于宝宝力量不足，大人可以扶着宝宝的前臂，帮助宝宝举球过头，再将球抛出。这个动作需要反复练习，在锻炼的过程中，大人要逐步减少帮助，让宝宝自己抛球，直到能把球抛向前方1米以外。

接下来，让两个大人各站在宝宝的一边，让宝宝站在中间，三个人一起玩球。其中一个大人先把球抛给宝宝，并说“把小皮球扔到我这边”；下一次另一个大人说"把球抛给我",这样让宝宝学会向两个方向抛球。

刚过周岁的宝宝开始学习数数了,如果家长能够多一分培养,就可以让宝宝认识一些数字,并且让宝宝理解逻辑次序。大人可以拿几个玩具排成一行,例如,娃娃排第一,狗熊排第二,小白兔排第三。在排列的过程中,大人还可以说"一、二、三",如果要复杂一点就可以说出各个玩具的顺序,接着让宝宝模仿着做一遍。

>> 好妈妈大讲堂

和宝宝一起外出时,父母要有意识地表现出良好的交往方式。如,热情友好地和邻居、朋友打招呼;上公交车时主动排队,不推搡别人;被别人不小心踩了一脚或是碰了一下时,能够接受别人的道歉,说一声"没关系"。总之,有宝宝在身边时,父母应比平时更多一分自律,要知道自己的一举一动宝宝都会看在眼里,并会从中模仿。

称呼生人

锻炼宝宝判别和正确称呼的能力。家里来客人时,妈妈要告诉宝宝该怎样称呼客人。比如家里来了男客人,可以告诉宝宝:"叫他叔叔,说'叔叔好'。"来了女客人可以告诉宝宝:"叫阿姨。"如果来的是年纪大一点的男客人,可以告诉宝宝:"叫爷爷。"若来的是老太太,可以告诉宝宝:"叫奶奶。"

宝宝在不会说话前,总是用手指代替开口说话。宝宝能称呼后,若父母经常引导,宝宝就能学会称呼陌生人。这对提高宝宝的语言智能及与人交往的智能都有好处。

数学智能

扔石子

在一只桶或盆中装入10厘米深的水,让一块石子从20厘米高的地方落入水中,再把另一块石子从25厘米左右高的地方落入水中,然后再换稍大的石子,在游戏的过程中父母可以帮助宝宝完成,但是注意不可以用尖锐或可能伤及脚趾的石子。这个游戏可以很好地展示因果关系,并培养宝宝的精细动作技能和提高他的学前数学能力。

>> 专家建议

数学智能开发原则：教育性原则，从宝宝的认知思维特点出发；兴趣性原则，兴趣是宝宝学习的动力，家长要善于调动幼儿的积极性和主动性；发展性原则，游戏等活动的设计对宝宝要具有一定的挑战性，因为过于简单或太难的游戏都不能引起宝宝的兴趣。

盒子里的礼物

提高宝宝的认知与思考能力。妈妈为宝宝准备3~6个不同尺寸的盒子，由小至大叠套在一起，让宝宝将自己喜欢的小玩具或爱吃的食物放进最小的盒子里。

妈妈盖上盒盖，把它放进较大的盒子里，再盖上较大盒子的盖。以此类推，按顺序把盒子放在更大的盒子里，直至放到最大的盒子里。

给宝宝看这个大盒子，告诉他："我要送给你一件礼物，它就在盒子里。"然后引导宝宝一一打开盒子，直到最小的一个盒子被打开，宝宝得到礼物。让宝宝试着按照大小顺序把几个盒子再放回去。

这个游戏不仅能锻炼宝宝的探索欲望，还能培养宝宝分类、整理、排序的能力。开始时，有的宝宝会因为无法把较大的盒子放到较小的盒子中而哭闹，这时父母切不可批评宝宝，要耐心地为宝宝做示范，直到宝宝学会。

分苹果

训练宝宝学数数。妈妈和宝宝坐在桌子旁，指着桌子上的苹果问："宝宝，这是什么？"宝宝回答正确后，妈妈说："对，这里有许多苹果。"妈妈让宝宝拿一个苹果，要求宝宝："拿一个苹果给妈妈好吗？"当宝宝做对以后要给予表扬；妈妈告诉宝宝："宝宝再拿一个苹果送给爸爸。"宝宝做完后，爸爸也要表扬宝宝；妈妈再告诉宝宝："宝宝拿第三个苹果给奶奶。"宝宝做对了，奶奶也要表扬宝宝并做出亲热的表示。然后妈妈问宝宝："宝宝一共拿走了几个苹果啊？是3个吗？都给谁了？"引导宝宝回答。

初步引导宝宝感受1、2、3等数字，同时通过该游戏还能培养宝宝与人分享的情感。

归纳分类

找一个宝宝最喜欢的玩具，如填充动物、小车等，让宝宝去找与它相同颜色、大小和质地的玩具。如果可能，把相似的东西收放在一个小盒子里。这是一个激发想象力的游戏，可以培养宝宝学前数学和分类能力。

>> 全脑开发小贴士

2岁以内是宝宝数学智能启蒙阶段。初为人母，小宝宝可能会让妈妈们手忙脚乱。妈妈们可千万别以为这些小宝宝只会吃喝拉撒，其实你的一举一动都会对宝宝有着潜移默化的影响，宝宝在妈妈的呵护下会认识周围的世界，妈妈也可以在日常生活或游戏中开始对宝宝进行一些简单的数学智能的培养。

形象思维智能开发

海绵喝水

妈妈把海绵剪成各种形状，如正方形、圆形、五角形等。当宝宝坐在浴缸里洗澡的时候，妈妈可以将这些海绵放进水里，让宝宝观察海绵吸水后沉到水里的现象。然后再让宝宝拿起海绵玩，同时告诉宝宝这些海绵都是什么形状的，引导宝宝复述下来。也可以将海绵剪成动物、字母或其他任何能引起宝宝兴趣的形状。

这个游戏不仅能帮助宝宝认识不同的形状，了解海绵吸水的特征，还能锻炼宝宝手部的抓握能力。但注意不要让宝宝用嘴去咬。

障碍通道

设计一个有障碍的小通道，可用枕头和毯子当隧道和人行道。当宝宝爬过这个通道时，向他说明他正在什么上面、什么下面或在什么中间爬行。将这些活动中的物质材料与语言描绘结合起来，这给宝宝一个独特的机会，使他可以把词语和具体的形象联系起来。

>> 爱心妈妈温馨提示

当遇到问题时，父母可能会不自觉地帮宝宝解决问题。其实游戏是宝宝学习解决问题最好的方法，就让宝宝自己解决吧。只有当宝宝确实不能解决时再给予帮助，比如当宝宝拿不到放在桌布上的积木时，可以问他“怎么办呢？”多些耐心，你也许会和宝宝一起享受把桌布扯过来，最终拿到积木的成功和喜悦。

天上的故事

妈妈带宝宝一起到户外观察天上的白云，引导宝宝想象天上的白云像什么？如妈妈说：“我觉得云像一只小猪，宝宝觉得云像什么？”利用云形状的变化，妈妈可以与宝宝一起编故事，如：“我看到一只山羊在跑！它跑到哪里了呢？”并引导宝宝接下去：“跑到花园里了，遇见什么了呢？”妈妈和宝宝一起看月亮和星星，告诉宝宝天上有一个月亮和许多星星，并引导宝宝说说月亮、星星像什么，如“月亮像一个盘子，星星像一颗明珠”。

观察宝宝是否能流畅地思考，是否具有想象力，如果宝宝的想象力较弱，就应从充实宝宝的生活经验着手培养。除非宝宝的想象有了本质上的偏差，否则不建议父母用自己的思维来约束宝宝的想象力。

13～15 个月宝宝全脑开发游戏

全脑开发游戏不仅有益于亲子之间的感情交流，密切亲子关系，促进儿童的健康发展，而且对儿童的实物游戏和伙伴游戏也具有重要的促进作用。全脑开发游戏对宝宝的健康发展有重要影响。

沉浮游戏

游戏目的：此游戏可让宝宝初步认识各种常见物品在水中的特性：知道有些物品在水中可以沉下去，而有些在水中可以浮起来。

游戏方法：游戏前准备一个大盆，以及能浮上或沉下的物品，如塑料玩具、瓶盖、布块、纸片、海绵、积木、皮球、树叶、石头、贝壳、果核、硬币、铁块、瓷勺、小帆船等。游戏时妈妈先出示一块积木和一块石头，并问宝宝："这是什么？"宝宝回答："积木和石头。"妈妈将它们同时扔进水里让宝宝一边观察一边回答，哪一个浮上来了，哪一个沉下去了。这时宝宝会看到积木浮上来了，石头沉下去了。宝宝有了初步对沉浮的感知后，再将其他物品一一投入水中进行观察，然后先将浮在水上的物品捞起来放在桌子右边，再将沉在水下的物品捞起来，放在桌子左边。让宝宝通过看、摸、掂、敲等动作，比较这两种物品有什么不同。

水的体积变了吗

游戏目的：帮助宝宝对事物的规律有初步了解。

游戏方法：准备几个高低、粗细、形状不同的透明玻璃杯，一支水彩笔。妈妈在一个玻璃杯中装满水，并在杯子外面用彩笔做好水位标记。然后将杯子中的水倒入另一个不同形状的杯子中，引导宝宝观察两个杯子里的水的标记是否一样高。如果宝宝发现水的高度不同，妈妈要问问宝宝为什么，引导宝宝思考。

将水在杯子中重复倒几次，每次都引导宝宝观察一下体积的变化，也可以用儿歌来增加宝宝的兴趣："杯子大，杯子小，小宝宝，看仔细。一杯水，倒进去，我们一起做标记。小的杯子水面高，大的杯子水面低。"宝宝在游戏中通过观察杯子中水的变化，可以逐渐了解容量大小的道理，从而帮助宝宝对事物的规律有个初步了解。

>> 全脑开发小贴士

经过全脑开发的训练，儿童的形象思维和逻辑思维能力、注意力、记忆力、想象力、模仿力、感知力、理解力、判断力、创造力等学习能力得到大大增强，不仅如此，通过训练，宝宝培养起毅力、意志等优良品质，而且宝宝个性、身心也都能得到健康发展。

看树叶

游戏目的：教宝宝明白因果关系，加强记忆力。

游戏方法：如果住在一个四季分明的城市，那么在家附近找一棵树，拍下四季里树变化的情况。冬天时，可以拿出夏天的照片作比较；在夏天时，拿出秋天的照片作比较，和宝宝一起看看树在一年中的变化。

数台阶

游戏目的：教宝宝理解数字的概念，发展大动作运动能力。

游戏方法：上下楼梯时数台阶，以此作为一项游戏活动。在宝宝到达楼上或楼底时，你要表现得很兴奋。为安全起见，一定要仔细监护。

>> 好妈妈大讲堂

1岁多的宝宝在听故事时已经可以翻页了，并习惯称呼家人；知道多少、排序等概念；会表示大小便。父母应多创造一些刺激宝宝说话的环境，锻炼宝宝学会更多的称呼；而且要训练宝宝大小便自理的能力，并多带宝宝参加户外活动，丰富宝宝智能发育。

区别大小

游戏目的：培养宝宝的思维能力。

游戏方法：

(1)拿皮球和乒乓球给宝宝玩一会儿，然后把它们放在一起。

(2)比一比，告诉宝宝哪个大，哪个小。

(3)然后问宝宝："哪个大？指给妈妈看。"

(4)如果宝宝指对了，就要表扬他；如果错了，没关系，再教宝宝认一次。

找相同

游戏目的：激发宝宝认识新鲜事物的兴趣。

游戏方法：妈妈准备几张图片，比如猫、狗、兔子、鱼，或者是宝宝在日常生活中经常能见到的被子、床、鞋子、皮球等图片。先任意给宝宝看一张图片，然后把这张图片混在其他图片里。让宝宝凭着记忆在一堆图片中找出那张图。

在宝宝挑选的时候，妈妈可以在旁边告诉宝宝那张图片的名称和图中东西的具体用途。

这个游戏是让宝宝从多幅图中找出刚刚看过的图，能发展宝宝的观察力和记忆力。在宝宝成功之后，妈妈可以让宝宝试着接触以前从未见过的新图，扩展宝宝的视野。

>> 好妈妈大讲堂

宝宝可以用单音回答问题，可以说出自己的小名，有些宝宝还能在父母说儿歌时背出押韵的字，能理解3以内的数字并会数，能在父母的鼓励下自己练习吃饭，但不一定能吃完。对此，父母要多训练宝宝说话、唱歌、学数数，并引导宝宝自己脱衣服、吃饭等，锻炼自理能力及其他智能。

穿珠子

游戏目的：加强宝宝手的精细动作，锻炼数数能力。

游戏方法：找形状和颜色各异、孔的珠子。给宝宝数出3粒珠子，爸爸先拿着2

粒珠子，接着问宝宝谁拥有的珠子数量多。然后让宝宝自己取出1粒珠子，1粒给爸爸，1粒给妈妈。最后让宝宝把珠子穿成项链，再数出整个项链珠子的个数。

宝宝套圈

游戏目的：游戏能帮助宝宝练习瞄准能力，需要宝宝较好地把握空间方位。

游戏方法：准备一个套圈，让宝宝站在要套的物品前面，把小白兔的长耳朵作为要套的目标。让宝宝在近处把套圈扔到小白兔的耳朵上，看宝宝扔出去的套圈能套上几个。

宝宝熟悉后，可以让宝宝站得离目标远一点儿，再练习套圈。等宝宝逐渐学会玩套圈游戏后，宝宝可以和妈妈比一比，看谁站得远，套得准。

>> 全脑开发小贴士

父母都希望孩子聪明、智力高。爸爸妈妈，能为孩子做的便是本着顺应自然的原则，配合孩子发展的阶段，适时给予刺激，在日常生活处处营造学习的环境，一次对话，一点延伸，一篇故事都可启发智力的突破，最重要的是“退一步”，让孩子独立去描绘他们的天空。

智力测试

1. 宝宝能辨认颜色（红、黑、白、黄等）：

A. 1种（5分）

B. 2种（10分）

C. 3种（15分）

（3种以上每种递增3分）

计分：10分为合格。

2. 宝宝能认识数字或汉字：

A. 1个（5分）

B. 2个（9分）

C. 3个（15分）

（4个以上每个3分，5个以上每个2分，10个以上每个1分递增）

计分:9 分为合格。

3. 宝宝能辨认家庭照片中的亲人:

A. 1 人(3 分)

B. 2 人(6 分)

C. 3 人(9 分)

D. 4 人(12 分)

(6 人以上每人增加 2 分)

计分:12 分为合格。

4. 宝宝已经认识几种交通工具(汽车、马车、自行车、飞机、火车、轮船等):

A. 2 种(4 分)

B. 3 种(6 分)

C. 4 种(8 分)

D. 5 种(10 分)

E. 6 种(12 分)

(6 种以上每种递增 1 分)

计分:10 分为合格。

5. 在"拿蜡笔画长线,为鱼点眼睛,画圆(封闭的曲线)"三项中,宝宝能够完成:

A. 1 项(5 分)

B. 2 项(10 分)

C. 3 项(15 分)

计分:10 分为合格。

6. 宝宝在背儿歌中:

A. 能够背押韵字(6 分)

B. 背其中两句(10 分)

C. 能够背诵全首(15 分)

(两首以上每首儿歌递增 5 分)

计分:10 分为合格。

7. 宝宝能"说出自己'1 岁'、伸食指表示"两项中:

A. 伸指(3 分)

B. 会说(6 分)

计分:6 分为合格。

8. 宝宝替大人拿东西(如拖鞋、板凳、日用品)的时候。能够拿对:

A. 1 种(2 分)

B. 2 种(4 分)

C. 3 种(8 分)

D. 4 种(10 分)

(5 种以上每种递增 2 分)

计分:10 分为合格。

9. 大小便时。宝宝会自己去坐盆:

A. 用纸尿裤(0 分)

B. 要人把(3 分)

C. 每次要大人提醒(6 分)

D. 偶尔湿裤子(9 分)

E. 白天不湿裤子(12 分)

计分:9 分为合格。

10. 在喝水时,宝宝能够:

A. 用奶瓶喝水(0 分)

B. 需要大人端杯(3 分)

C. 自己端杯少洒(5 分)

D. 自己端杯不洒(10 分)

计分:5 分为合格。

11. 踢球过程中,宝宝:

A. 牵着大人的手踢球(3 分)

B. 要扶人扶物才能踢球(6 分)

C. 不必扶物或扶人踢球(9 分)

D. 会向一个目标踢(12 分)

(跑步踢球增加 3 分)

计分:9 分为合格。

12. 在跑步过程中,宝宝可以:

A. 不敢跑(0 分)

B. 大人牵着跑步(5 分)

C. 扶人扶物停止(10 分)

D. 自己渐慢停止(12 分)

(跑得快增加 3 分)

计分:10 分为合格。

测试分析:第 1 ~ 4 题测试宝宝的认知能力;第 5 题测试宝宝手的技巧;第 6 ~ 7 题测试宝宝的语言能力;第 8 题测试宝宝的社交能力;第 9 ~ 10 题测试宝宝的自理能力;第 11 ~ 12 题测试宝宝的运动能力。统计全部分数,将其相加,得出以下结论:

120 分以上:优秀。

90 ~ 120 分:正常。

90 分以下:暂时落后。

16~18个月宝宝全脑开发

16～18个月宝宝发育特点

这个阶段的宝宝行动更为自如。父母应该加强对宝宝手眼协调能力和精细动作能力的培养，最好教宝宝学习使用工具够取物品。这个阶段为宝宝选择玩具要注意锻炼宝宝动作的灵活性和反应的灵敏度。同时其他方面的能力也要加强。

动作能力

宝宝在经过一段时间的努力后，已经能够走得很稳了，在平地上走路已经毫无问题，所以宝宝开始扩大范围，去爬台阶了。宝宝这时很喜欢爬台阶，而且在下台阶的时候会用一只手扶着。父母不要怕宝宝会有危险而阻止宝宝爬台阶，只要在宝宝旁边注意保护他就可以了。宝宝的手、脚的协调性会越来越好，智力的发展也会越来越快。

语言能力

这时期的宝宝会说许多大人能听懂的单音或词，能执行简单的命令，说出自己的名字、某些要求和一些实物。现在，宝宝在说话时已初步具有了形成概念和进行分类的能力。他会对日常生活中一些常见的事物进行命名，如把拨浪鼓叫作“咚咚”，把猫叫作“喵喵”等。

记忆与思维能力

这个年龄阶段的宝宝记忆能力有了很大发展，并且有了初步的思维活动。对事物的认识已经向整体和多方面发展。

社交能力

16~18个月的宝宝开始对家里的人、宠物、洋娃娃表现出自己的爱。他喜欢社会集会，喜欢注视大人们的行为并进行模仿，如扫地、擦桌子、捶打等。在大人做家务时或是穿脱衣服时能帮上点儿小忙。会不断地说含糊的话。词汇中包含几个字，其中包括名字。会称呼除爸爸、妈妈之外的3~5个亲人，如奶奶、爷爷、叔叔等。会指出或说出要的东西。弄湿或弄脏时会指出，并请求帮助。当遭到拒绝的时候会扔东西、发脾气。

心理发育特点

幼儿的知识在增长，他会扔东西，发脾气。当幼儿发脾气时，不要呵斥他，小孩子的注意力很容易分散，他会很快忘掉不愉快的事情。

1岁多的幼儿，路走得稳了，活动范围大了，随之而来的是其独立观望意识开始萌生。喜欢将空盒子、小桶等有空间的容器装满玩具。在日常生活中，喜欢模仿成人的动作、语气。喜欢玩球，会做把球举过头抛起来的游戏。

16～18个月宝宝全脑开发营养方案

此阶段幼儿的消化器官尚在完善中，虽然已经在吃普通食物，但饮食仍不能与成人完全一样，应强调碎、软、新鲜，忌食煎炸、过甜、过咸、过酸和刺激性的食品。主食以谷类为主，要勤换花样，保证肉、蛋、奶各类蛋白质的供应，以满足这个时期身体发育的需要。

宝宝饮食特点

许多学步宝宝的食欲比以前有所下降，有的则表现为挑食。而且，这个时期宝宝对食物的喜好表现得没有规律，不要要求宝宝总是以同样的方式吃东西。1周岁半幼儿的体重可达10～11千克，身高可达80厘米，乳牙可萌出12～14个，囟门闭合。小儿逐渐学会了独立行走；不用扶能蹲、能坐；能扶着栏杆爬台阶；能试着踢球、滚球，有目标地扔皮球；能说出自己的名字；能认识和指出身体的各部分。会玩玩具、倒小木球、搭2～4块积木、玩各种套叠玩具；会搬运东西；能绕过小障碍物走；会表示大小便，懂命令，会自己进食。

营养补充要适量

维生素A和维生素D属于脂溶性维生素，可以在体内储存，但达到一定浓度后会出现中毒症状，进而造成肾脏功能的损害及身体软组织的钙化。所以，补充此类维生素一定要遵守医生确定的量。

16～18个月宝宝全脑开发营养食谱

豆豉牛肉

【原料】牛肉末150克，植物油40毫升，碎豆豉20克，肉汤100毫升。

【制作方法】

(1)将炒锅上火，热后加入植物油，放入牛肉末煸炒片刻。

(2)放入碎豆豉，肉汤和酱油搅拌均匀即成。

鱼肉饼

【原料】鱼肉300克，鸡蛋4个，淀粉、胡椒适量。

【制作方法】

(1)鱼肉300克去皮切成适当大小的鱼块，然后放入搅拌机，充分搅拌至粉碎状。

(2)搅拌后的鱼肉放进饭盆中，加入少量的淀粉和盐，用杵(研胡椒或花椒用的)将鱼肉研成泥，并且将淀粉和盐搅拌均匀。

(3)在鱼肉泥中加入3～4个鸡蛋清，然后用杵继续研碎至膏状，把膏状物充分均匀地涂抹在蒸鱼糕的板上。

(4)板朝上，膏状物朝下，轻轻放在沸水中煮2～3分钟，然后用菜刀小心地从板上剥下制作好的鱼肉饼即可。

黄鳝粥

【原料】黄鳝500克，大米25克，姜、香芋、香油适量。

【制作方法】

(1)将活黄鳝尾部剪去一小段，放入煲中让血慢慢渗出至水中，放入米、姜、香芋适量一起煲约20分钟。

(2)将黄鳝取出,用刀将肉刮下放入粥内再煲10分钟,放入盐和香油即可。

羊骨粥

【原料】羊骨一副,陈皮6克,良姜6克,草果2个,生姜30克,盐适量,粳米(或小米)50克。

【制作方法】

(1)将羊骨全捶碎,放锅内加水熬煮,放入佐料。

(2)慢火熬成汁,滤出澄清,用此汁煮粥食之,亦可做羹汤食之。常用有效。

【营养功效】本膳不但"以形取形",而且"以物类形",因羊胫强而善行。故本膳具有补肾、强腰、健骨的作用。适宜五迟之症,尤宜站立行走迟缓、骨软乏力的患儿常服。

16～18个月宝宝全脑开发训练

到了本年龄段，宝宝已经能够比较灵活地使用勺子自己吃饭了，有的宝宝还能够尝试着使用筷子夹东西了。这个时候，家长可以利用一些小游戏来训练宝宝更加灵活地用手，同时对宝宝在语言、社交、思维等其他方面能力的训练也要加强。

动作能力训练

手指训练

大人同宝宝面对面坐，首先确定各个手指头的名称，为了方便宝宝理解，我们可以把手指名称编成儿歌，比如“大拇哥，二拇弟，中指楼，四出戏，小妞妞”。然后大人说手指的名称时，要赶快把说到的手指伸出来。如果宝宝伸不出来，大人就可以捏起刚说的手指，让宝宝加深印象，接着重新开始游戏。

在游戏的过程中，也可以让宝宝分清自己的手心手背。为了让宝宝兴趣高涨，大人可以同宝宝一起喊口令，随着口令伸出手心或手背来，玩几次之后可以让宝宝喊口令，可以用笔画出谁输了几次，让宝宝数出谁输得最多。

捞果子

妈妈准备一些山楂或小金橘大小的水果，再准备一个较大的容器，以及小竹筐和汤匙各一个。和宝宝一起将水果装入容器内，也可以和宝宝分别装，比如妈妈来装山楂，宝宝来装小金橘，看谁装得快。

装完后，引导宝宝用汤匙把水果从容器中捞出，然后放进竹筐里。如果宝宝开始不会捞，妈妈可以给宝宝示范几次。

妈妈也可以和宝宝进行比赛，看谁捞得多，捞得快。如果宝宝有兴趣，可以反复做，并鼓励宝宝加快速度。

宝宝在游戏中，不仅能锻炼手臂肌肉的力量，还能增强手部动作的控制能力。而且通过与妈妈的比赛，还能培养竞争意识。

小球上山

准备一个小球，妈妈和宝宝面对面站好，伸出手臂，两手互牵，两臂并拢。

让爸爸把球放在妈妈的手腕上，然后妈妈抬高双臂，让球滚向宝宝的胸前，并鼓励宝宝接住球，不要掉下去。引导宝宝抬高双臂，让球再滚向妈妈的胸前。

球滚动时，引导宝宝的身体配合球的滚动而弯腰、屈膝，以保证球掉不下来。

刚开始的时候宝宝可能会因无法接住球而排斥这个游戏。妈妈可以和宝宝多做几次，宝宝熟悉后就会喜欢上这个游戏。

游戏不仅让宝宝的上肢活动更加灵活，对提高宝宝的全身动作协调性也有帮助。

听觉智能开发

哪里来的沙沙声

在一个有盖的容器中放 1/3 的米，帮助宝宝握住容器，然后唱他喜欢听的歌曲，每唱完一句歌词，就在歌词的结尾加唱“沙、沙、沙”，同时摇动容器，这个游戏可以提高宝宝的音乐意识和精细动作技能。

手指数数

妈妈摊开宝宝的左手，一个一个地点宝宝的手指头，一边说歌谣：“大拇哥，二拇弟，中三娘，四小弟，小妞妞，来看戏，手心手背，心肝宝贝。”左手做完，换成右手做，交替进行；妈妈让宝宝用双手交叉握在一起，引导宝宝做手指抬起的动作：“大拇哥跳一跳，二拇弟跳一跳，中三娘跳一跳，四小弟跳一跳，小妞妞出来了，大气球爆炸了，哗啦啦。”妈妈在说到“大气球爆炸了”时，打开宝宝的双手，让宝宝用动作表示“哗啦啦”。

多听妈妈读歌谣并做出相应的动作，宝宝渐渐会随同妈妈说出歌谣中押韵的某个字来。此游戏能丰富宝宝的声音感知能力，提高宝宝大脑的反应能力。

宝宝的乐队

为宝宝准备8个彩色铃铛,4根松紧带。在每根松紧带上缝2个铃铛,并将松紧带两头缝在一起,做成"手镯"和"脚镯"。然后将"手镯"和"脚镯"套在宝宝的手腕和脚踝上。

妈妈先摇晃宝宝手上和脚上的铃铛,让宝宝明白铃铛会发出很好听的声音,然后鼓励宝宝自己动手动脚让铃铛发出声响。

最后妈妈再鼓励宝宝迈开小脚丫四处走走,晃动手腕,使所有的铃铛都响起来,就像一个小乐队。也可以边让宝宝走,边教宝宝唱儿歌:"伸伸胳膊叮铃铛,踢踢小腿叮铃铛。宝宝有个小乐队,走到哪里哪里响。"

通过行走,小铃铛会发出响声,让宝宝更愿意到处走动,这不仅能锻炼宝宝的运动能力,更重要的是能丰富宝宝的听觉,并让宝宝感受到行为与结果的关联性。

>> 爱心妈妈温馨提示

音乐能促进宝宝智力的发展,提高宝宝对情感的感受和体验能力。在宝宝学会说话之前,优美健康的音乐能不失时机地为宝宝的右脑发育增加特殊的营养。

爬楼梯

许多宝宝在爬楼梯这件事上总是会出现上得去却下不来的现象,父母可以花点时间教宝宝怎样从楼梯上爬下来,也可以适当地帮助宝宝上下楼梯,当然参加这种活动时父母必须仔细监护,以免宝宝在玩的过程中受伤。这个活动可以锻炼宝宝的大动作技能。

社交能力训练

分享食物和玩具

经常讲小动物分享物品的故事给幼儿听,让他知道食物应大家分享。在幼儿情绪好的时候,给他2块糖,告诉他拿1块给小朋友,另1块留给自己。若按要求做了,要夸奖他。玩玩具最好和同伴一起玩,共同分享快乐。

>> 好妈妈大讲堂

幼儿的路越走越稳，话也说多了，与外人交往也多了，这正是鼓励他与别的小朋友交往的好时机。开始幼儿不知道怎样与别的小朋友交往，但在与新面孔的接触、交往、交换玩具等简单活动中，幼儿能得到很多乐趣。每星期最好有 2~3 次机会让他与同龄小朋友一起玩耍，让幼儿用自己的独特方式接触别人，大人要多鼓励，千万不要加以干涉。幼儿经过尝试，会找到更适合自己的方法。

分享好吃的

如果爸爸偶尔下班回来比较晚，妈妈和宝宝可以先吃饭，但要告诉宝宝，把好吃的留给爸爸回来吃。

妈妈买回来宝宝很喜欢吃的食物，宝宝在吃的时候妈妈也要告诉宝宝："宝宝，好吃的也要与爷爷奶奶分享呀。"

平时多告诉宝宝，有好东西应与其他人分享，可以让宝宝心里想到别人，乐于与人分享，从而培养宝宝关心他人的良好品质。

与人合作

培养宝宝与人合作的能力。妈妈回家后，鼓励宝宝把拖鞋给妈妈拿过来，得到妈妈的赞扬，宝宝会很乐意去做。

爸爸要找指甲刀，假装找不到，让宝宝帮着找。宝宝找到了，爸爸要给予表扬。

爷爷的老花镜找不到了，让宝宝帮着找，宝宝找到了，爷爷要给宝宝一块糖吃。

妈妈要出门了，让宝宝帮着把包给妈妈拿过来，宝宝拿来后，妈妈要表扬宝宝。

这个游戏是让宝宝从小就学会帮助大人做事，能逐渐养成宝宝愿意同人合作的能力。宝宝也能从中体会到与人合作的乐趣，从而培养乐观的情绪。

>> 全脑开发小贴士

不要对幼儿过度保护，小朋友之间发生小冲突，这是正常现象，大人不必多加指点，让幼儿自己学会处理冲突。如果两个孩子抢玩具，家长也不要以成人的礼貌心理，强迫自己的孩子放弃自己心爱的玩具，那样会让孩子迷惑不解，且非常伤心。

生活自理能力训练

我的衣服在哪里

根据每个抽屉里的衣物，在宝宝的衣柜外贴上相应的图片，并在每张图片上标出相应物品的名称。等到要把抽屉里的袜子拿出来时，就问宝宝在哪里可以找到袜子。这个游戏可以很好地培养宝宝识字前的能力，从中锻炼其记忆力和良好的生活习惯。

学吃饭

当宝宝吃饭时，爸爸和妈妈要鼓励宝宝自己吃饭。可先在宝宝的碗中盛小半碗饭菜，吃完再添。要鼓励宝宝自己吃饱，并且不剩饭。对宝宝的进步要及时表扬，这样可以增强宝宝自立的积极性和自信心。

宝宝的手部动作已经发育得较好了，此时要多训练宝宝自己吃饭，这样不仅能锻炼手部动作，更能培养宝宝的生活自理能力。

语言能力训练

慢慢地，慢慢地

坐在椅子上，并让宝宝脸朝前方坐在你的大腿上。一边念“慢慢地，慢慢地，蜗牛在花园里爬；慢慢地，慢慢地，它爬上了木栏杆”，一边在他头顶慢慢地画圈。唱完后，给宝宝一个拥抱。这个游戏能促进宝宝语言和音乐意识的发展，同时给予宝宝一种舒服感。

打电话

给宝宝买一个玩具电话或用积木代替，妈妈拿一块积木放在耳边，引导宝宝也学妈妈。

妈妈问："你是谁啊？"让宝宝回答："我是×××。"说出自己的名字。妈妈再问："我要去做饭啦，你去不去啊？"让宝宝回答"去"或"不去"。

妈妈可以让宝宝把积木或玩具电话放在衣服口袋里当手机，这样妈妈可以随时和宝宝玩打电话的游戏。

游戏可以引导宝宝多说话，宝宝开始可能不会说，父母要耐心引导，并随时将话题转移到宝宝还不会说的话题上，开拓宝宝的说话范围。

这是"我的"

当宝宝拿着一件心爱的玩具正在玩时，妈妈要故意问："这是宝宝的玩具吧？"如果宝宝不会说，就会很着急地拍拍自己的胸脯，表示是自己的。如果宝宝会开口说话，就会马上说："宝宝的。"或者把自己的小名说出来。这时，妈妈要教宝宝说："这是我的。"教宝宝用"我"来代表自己。

反复和宝宝练习几遍，然后拿起宝宝的鞋子再问宝宝："这是宝宝的吧？"宝宝就会逐渐回答："我的。"多练习几次，宝宝就能应付自如了。

提高宝宝对代词的理解能力，尤其能将"你"转换为"我"，这对于宝宝发展语言智能很关键。

>> 全脑开发小贴士

现在，宝宝在说话时已初步具有了形成概念和进行分类的能力。他会对日常生活中一些常见的事物进行命名，如把拨浪鼓叫作“咚咚”，把球叫作“球球”等。但是，他在命名或使用新词时会同时出现一种“泛化”现象。如，他会把所有四条腿的动物都叫作“狗狗”，把所有圆形物体都叫作“球球”等。

水果歌

妈妈在日常生活中要教宝宝认识桃子和橘子，并教宝宝学说这两个词。然后让宝宝看着图画，并学说儿歌。最初教宝宝念“红桃子，黄橘子宝宝都喜欢，吃了身体棒”，同时妈妈可采用分句教的方式，不要苛求宝宝能完整地念出每个句子，只要能跟说最后一两个字就可以了。

逻辑思维智能开发

吹风机

锻炼宝宝的分析判断能力。妈妈准备一个吹风机，一盒音乐带。先放一段轻音乐，边做游戏边听音乐，可以缓解宝宝的紧张感。妈妈先告诉宝宝身体各部位的名称，如“手”“脚丫”，然后用凉风吹这些部位，告诉宝宝这是凉风。再换成热风吹，注意不要灼痛宝宝，可在宝宝的皮肤上加上一张薄纸，减轻风的强度，再告诉宝宝这是热风。游戏能帮助宝宝判断冷、热的不同感受，从而提高分析判断能力。

取算盘珠

发展宝宝的推理能力，锻炼宝宝的手部灵活性。准备三个珠子，分别用线拴好，再准备一个窄口瓶子。妈妈把拴线的三个珠子放入瓶内，瓶口只能进出一个珠子，然后让宝宝从瓶内取出三个珠子。

宝宝如果想把三个一块儿取出来，就会抓住三根线一齐向外拉。这时妈妈要引导宝宝来想办法，

问问宝宝：“为什么三个珠子一起取就出不来呢？要是一个一个地取呢？宝宝试试看。”

如果宝宝一个一个地取了出来，妈妈别忘了鼓励宝宝。妈妈还可以和宝宝比赛，看看谁先取出来。

游戏不仅能锻炼宝宝小手的灵活性，还能刺激宝宝思考、推理，从而提高宝宝的思考能力。

记忆与思维能力开发

看电视

宝宝和父母坐在一起看电视，电视的内容一定要选择宝宝爱看的节目，比如少儿节目《大风车》。看电视每天都要定点，比如坚持在每天下午6点半看，逐渐宝宝就会对这个节目产生兴趣，并且知道每个栏目的下一个栏目是什么，通过视听觉刺激来锻炼宝宝的记忆力。

拼图形

妈妈用硬纸板自制一些圆形、方形和三角形拼图，最好大一些，然后分别等分切开。

将切开后的两块样板给宝宝随意拼。很多宝宝由于已经认识圆形，所以很容易就能将两个半圆形拼起来。如果宝宝拼不上，妈妈也不要着急，可以多给宝宝示范几次。

如果宝宝拼不出方形和三角形，妈妈要给予帮助，帮助宝宝将图形拼好。

也可以在图形上画一些图画，让宝宝根据图画来拼图形。比如画个小鸭子，然后将图形剪开，让宝宝根据小鸭子的图像来拼合图形。

游戏能锻炼宝宝的图形思维能力，对以后学习几何知识很有帮助。形象思维能力较高的宝宝，有时不需要看样板也能凭想象自己拼图。

>> 专家建议

记忆和兴趣有很大的关系，宝宝对有兴趣的事物就比较容易记住，没有兴趣的事物他会视而不见，因此在培养孩子的记忆力时，要根据孩子的年龄、心理特点，给他提供感兴趣的东西，通过语言、玩具、画册等形式让孩子记住一些东西，再通过多次的重复来增强婴儿的记忆力。

听收音机

训练宝宝的听觉灵敏度。妈妈可以让宝宝听听收音机中发出的各种声音。收音机会发出许多不同的声音，如爵士乐、古典乐、歌谣等，以及搜寻频道时发出"嗞嗞嗞"的声音。当宝宝听到收音机中的音乐时，妈妈可以鼓励宝宝跟着音乐跳舞，或者打拍子。

试着让宝宝的耳朵贴着收音机的喇叭听听看，然后让宝宝学一学自己都听到了什么。

也可以让宝宝独自拿着收音机玩，这样对宝宝的想象力会有更多的刺激。

宝宝对外界的一切都充满好奇，收音机里发出的声音会充分激起宝宝的好奇心，让宝宝努力去听，让宝宝对各种不同的声音做出反应，这对提高宝宝的听觉能力很有帮助。

>> 好妈妈大讲堂

思维是人类认识世界的高级阶段，是在感知觉的基础上产生和发展起来的，思维能力是智力的核心成分。所以，要发展婴儿的思维，就要从发展感知觉的基础上着手，让婴儿多听、多触摸，在这些过程中让他逐渐感知外界的东西，认识到事物之间的简单联系，从而来促进他的思维的发展。

创造性思维能力开发

看看活页夹里的图片

在活页夹中塞入宝宝喜欢的图片。父母可以和宝宝一起看这本活页夹，并说出每一样物品的名称，宝宝也可以自己坐着去翻阅这些图片。这个游戏能很好地培养宝宝的识字前能力，是一个能激发其创造力的游戏活动。

宝宝用身体绘画

准备几张报纸，几个小碗，不同颜色的水彩。妈妈在地上将报纸摊开，然后将不同颜色的水彩颜料分别挤到碗里。让宝宝只穿着内裤，然后蘸着水彩在报纸上随意画画。或者用小脚丫蘸上水彩，在报纸上踩出小脚印；用小手蘸上水彩，在报纸上印出手印。

也可以在宝宝的手掌、脚掌、手背、膝盖、肩膀等部位分别涂上水彩后，让宝宝在报纸上抹抹看。妈妈还可以引导宝宝画出各种图案，比如汽车、小动物等。还可以把零钱或纽扣蘸上颜料，在报纸上盖印。

让宝宝自己发挥，并将自己融入到涂鸦中，能激发宝宝的观察能力、想象能力和创造兴趣。但水彩涂料一定要买绿色无毒的健康产品，防止宝宝皮肤过敏。

手工制作

家长为幼儿准备一块橡皮泥，然后指导幼儿进行下面的训练。

（1）让幼儿用橡皮泥捏制一个大圆球。

（2）让幼儿用橡皮泥捏制两个小圆球。

（3）让幼儿用橡皮泥捏制一个长方体。

（4）家长指导幼儿把大圆球放在长方体上，再把两个小圆球重叠起来放在大圆球上。

>> 全脑开发小贴士

把大小不同口径的瓶盖拧下来，混放在一起，让幼儿找到正确的瓶盖，给瓶子盖上。开始可给幼儿做个样子，然后重新让幼儿盖。掌握物体不同特点，训练思维活动。这种思维活动，实际上是逻辑思维的萌芽，幼儿要通过对比、筛选、对号方可成功。所以多进行这类活动，能大大提高幼儿逻辑思维能力。

水中乐园

在家中准备好盆和浴缸等，还要准备一些漂浮玩具，如小鸭、小船等和装水的小容器，如小碗、小漏斗等。

和宝宝一起玩游戏，引导宝宝认识各种玩具的名称和特性。比如小碗可以用来舀水，小漏斗可以漏水，并且可以用小碗向漏斗中灌水，下面再用一个小容器接水。

将小船和小鸭子都放在水里漂浮，还可以把小船或小鸭子用绳子拉住，让宝宝在水里拉着小船、小鸭子行走。让宝宝自己发挥想象力去玩水。

通过玩水，宝宝不仅能感受到水的神奇，而且能激发想象力，丰富创造经验。

>> 爱心妈妈温馨提示

从心理学的角度讲，好奇心是人对自己不了解的事物感到新奇而有兴趣进行探究的一种心理倾向，它是推动人们主动求异，进行创造性思维的内部动因。好奇心在孩子身上尤甚，其基本表现就是不断地提出“是什么”和“为什么”的问题。对待孩子提出的问题，不要“有问必答”。有些问题可以鼓励和引导孩子自己思考寻求答案。

数学与逻辑能力开发

1 和多

培养宝宝认识“1”和“许多”。妈妈准备好两个玩具箱和一些玩具，然后把玩具放进玩具箱内：1 个箱里放 1 个玩具，另一个箱里放几个玩具。

妈妈问宝宝：“这个箱子里有几个玩具？”妈妈要鼓励宝宝说“1 个”“许多”。

妈妈对宝宝说：“这个箱子里有许多玩具，太挤了，它们想换一个宽敞的地方，宝宝来帮忙，好吗？”

妈妈要让宝宝一次只能搬一个，把玩具从这个箱子里搬到另一个箱子里。宝宝要在搬运的过程中，一边搬一边说：“1 个，又 1 个……”

2 岁以内的宝宝还不能辨别大于 3 的物体，但能分辨出“1”与“许多”的概念。

是谁的影子

准备一些动物的彩色图片和影子图卡，并把它们配对放在一起。

妈妈可以直接在图画纸上描出动物的外形，并涂成黑色当影子，引导宝宝寻找每个动物的影子，告诉宝宝通过影子的轮廓，就能推理出它原来的样子。

可以妈妈找一个，宝宝找一个，比一比看谁找得多。

1 岁多的宝宝会在游戏中通过父母的引导自己动手动脑去解决一些问题，这对于训练他们的思考、分析、推理等能力具有很大的帮助。父母应多创设类似的游戏，帮助宝宝提高逻辑思维能力。

认识形状

宝宝从 1 岁开始会认圆，13 ~ 14 个月可以认识方形，1 岁半前后认识三角形，1 岁半后可认识长方形和椭圆形。生活中长方形的东西很多，如门、窗、冰箱、洗衣机、书、电视机等都是长方形，宝宝较易认识。生活中的鸡蛋等是椭圆形。多让宝宝接触不同形状的物体，并在宝宝接触这些物体的时候告诉宝宝它们是什么形状。通过这种练习，宝宝会建立对不同形状的认识。

>> 全脑开发小贴士

宝宝的数学逻辑潜能并不只是单单表现在数学方面，以下这些特征也表示着宝宝拥有优秀的数学逻辑潜能：喜欢把事物进行分类或分等次；喜欢玩有策略性的游戏，如象棋、五子棋、跳棋等；喜欢做数学问题；喜欢对新鲜的事物提出很多问题；喜欢有顺序地排列物品。

数娃娃

给宝宝一个娃娃，妈妈边给边说：“宝宝，1 个娃娃。跟妈妈一起说，1 个娃娃。”

妈妈用一根手指表示1，边做边说：“1—1个娃娃。”妈妈要鼓励宝宝模仿自己，如果宝宝做不到，妈妈要帮助宝宝来做。

妈妈教宝宝用同样的方法学习数字2和3。逐渐不用玩具，培养宝宝听到“1”“2”就会用手指表示。

妈妈还可以培养宝宝用手指表示自己的年龄，如教宝宝伸出食指，说“1岁了”。

宝宝现在基本只能理解3以内的数量，父母要尽量强化宝宝对3以内数量的理解能力，从而逐渐让宝宝认识更多的数字。

>> 专家建议

除了有效地运用数字进行计算和推理的能力以外，数学逻辑智能也包括了分类、推论、概括和假设验证的能力；还具有发现问题、建构问题的技巧和科学的分析能力。专家建议，可以利用有趣的游戏和故事的方式，由浅至深培养出宝宝的数学逻辑智能。

16～18个月宝宝全脑开发游戏

全脑工程(左右脑开发),就是要从婴幼儿起进行早期教育,激活左右脑,使宝宝在一种全新的教育理念下,挖掘自身的潜能,以迎接新世纪发展的需要。宝宝正处于形象思维最活跃的时期,因此,提醒各位父母:在开发婴幼儿智力时,一定要重视全脑开发,充分发掘和调动宝宝的潜能。

自己吃饭

游戏目的:训练宝宝自立。

游戏方法:父母可以给宝宝多吃一些黏稠,可粘在勺上不易洒出来的食物,这样,宝宝会更愿意自己吃饭。提供一个高椅子使宝宝能够很舒适地坐在上面,地板上铺一块塑料垫或报纸,用来接掉下的小块食物。父母不要责备宝宝弄脏了地板,只要宝宝自己喂进一勺,就要对宝宝说"宝宝真棒。"

倾倒东西

游戏目的:训练宝宝的精细动作,培养宝宝的逻辑能力。

游戏方法:父母可以在室内做一个沙箱,装上玉米、麦子或大米,保证让宝宝整年都可玩上"沙子"。用来做沙盒的可以是:小的带盖的塑料盆、桶或旧澡盆、旧衣箱等(注意要密封好)。给宝宝一些塑料的漏勺、筛子、铲子,让他将"沙子"倒入沙盒中。

上街买菜

游戏目的:训练宝宝的记忆能力。

游戏方法:妈妈在去超市买菜时,可以推着宝宝的小车,让宝宝一起参与买菜的过程。妈妈在买菜时,要引导宝宝一起看,认识蔬菜、水果及鱼、虾等,买蔬菜时要让宝宝知道蔬菜的名称。如果宝宝对鱼、虾产生好奇,妈妈也可以顺便告诉宝宝鱼、虾的名称。

买完后,妈妈可以让宝宝和自己一起推着小车走一段路回家,让宝宝认识从菜市场走回家的路,并认识回家的标志。

每次买菜时,让宝宝认识几种水果、蔬菜,能满足宝宝的求知欲望,同时还能认识自然界中的多种事物,这些新鲜事物都能给宝宝留下很深的印象。

>> 专家建议

不赞成把“左撇子”强行纠正过来,不妨利用宝宝左手的优势,发展宝宝的右脑。但同时,最好来个“左右开弓”。当宝宝左手拿筷子时,父母有意教他右手也学会拿筷子;左手用笔时,也教他右手用笔试试看,这样就可以达到最佳的训练效果。

黄豆、绿豆

游戏目的:训练宝宝的动作能力。

游戏方法:碗里放些黄豆或绿(红)豆,教宝宝一把抓起豆子,然后把手松开。让豆子从指缝里漏出掉到碗里。可以边抓边说:“黄豆绿豆,吃了长肉。”可训练宝宝手部的肌肉运动。注意不能让宝宝将豆子放进嘴里,以防呛进气管。

宝宝的画廊

游戏目的:增加宝宝的词汇,加强宝宝的记忆力。

游戏方法:在宝宝的房间里开辟出一块地方作为画廊。一块小的布告栏也是很有用的。可以在上面挂许多画,每天先告诉宝宝画里物件的名称——树、妈妈、狗，等等，再让宝宝重复说。要经常更换图片。

画麻饼

游戏目的：丰富宝宝的思维能力和控制能力。

游戏方法：妈妈在纸上画一个圆形，告诉宝宝："这是芝麻饼。"让宝宝在这个饼上画上点点当芝麻，告诉宝宝这是要给小猫吃的。

妈妈要提醒宝宝不要把芝麻涂到饼的外面，那样小猫就吃不到了。等宝宝画好后，妈妈再画一个横着的"8"字当鱼，引导宝宝在规定的地方画一个点做鱼的眼睛，不可以画到规定地方的外面。

>> **全脑开发小贴士**

换手游戏。妈妈可以先把一个玩具（或积木）给孩子，由于抓握反射，宝宝很快会牢牢地将它抓握住。当你出示另一个更漂亮的玩具（或积木）时，宝宝往往松手扔下第一个玩具而去抓握另一个。此时，妈妈要耐心地教孩子，并做出示范，要求宝宝将原来的玩具从一只手换到另一只手上，再将第二个玩具让他用空的那只手抓握。几乎所有的半岁孩子在经过训练后，都可以完成换手的练习。

我的菜谱

游戏目的：培养宝宝读写前能力，鼓励模仿，提供具有符号象征意义的训练。

游戏方法：在宝宝的烹饪玩具旁放一本"菜谱"；在木工玩具旁放一本"木匠手册"；在梳妆盒前放一本"剧本"。告诉宝宝每个游戏都可以用一本书，能使他玩得更有趣。用分类的图片集做一本特殊的宝宝工作手册。

小小美发师

游戏目的：培养宝宝从小讲卫生、爱劳动的好习惯。

游戏方法：准备玩具娃娃一个，以及玩具理发用具：梳子、剪刀、吹风机等。妈妈抱着玩具娃娃对宝宝说："小娃娃的头发脏了，我们来帮他洗洗吧。"指导宝宝给娃娃洗发，并让宝宝重复进行几次。然后让宝宝为娃娃理发。当心不要让剪刀伤到宝宝。最后再拿起吹风机，对宝宝说："现在让我们给娃娃吹吹头发吧。"

游戏进行一遍之后，妈妈再问："头发脏了怎么办？头发长了怎么办？"然后告诉宝宝："头发脏了要洗头，头发长了要理发。"

通过游戏，宝宝对此已有感性体验，使其今后更好地配合妈妈为自己洗头、理发。

>> 好妈妈大讲堂

"拼图"是一种非常适合1岁以上宝宝玩的游戏，宝宝在拼图游戏的过程中既可以享受到游戏的快乐，同时还能够获得智能的提升，同时还有助于培养宝宝养成独立解决问题的习惯。因此，妈妈可以让宝宝多玩拼图游戏，让宝宝在享受游戏快乐的同时从中获益。

智力测试

1. 宝宝能够说出图书或图画中几个人物的职业和称呼：

A. 1人(3分)

B. 2人(6分)

C. 3人(9分)

D. 4人(12分)

(5个以上每人递增2分)

计分:9分为合格。

2. 宝宝能够用颜色形容常用的东西：

A. 1种(4分)

B. 2种(7分)

C. 3种(10分)

D. 4种(12分)

(5 种以上每种递增 3 分)

计分:10 分为合格。

3. 宝宝能够背数到:

A. 5(4 分)

B. 10(5 分)

C. 15(6 分)

D. 20(7 分)

E. 30(8 分)

点数到:

A. 2(4 分)

B. 3(5 分)

C. 5(6 分)

D. 7(7 分)

E. 10(10 分)

(两项相加算总分。背数往上每加 10 递增 1 分,点数往上每加 1 递增 1 分)

计分:10 分为合格。

4. 宝宝能按顺序将多形块套入正确的盒内:

A. 2 个(2 分)

B. 4 个(4 分)

C. 6 个(6 分)

D. 8 个(8 分)

(倒扣搭塔,每个另加 1 分)

计分:8 分为合格。

5. 在布巾下放形块。让宝宝用手摸并猜如圆形、正方形、三角形、长方形及其他形块。猜对:

A. 1 个(3 分)

B. 2 个(6 分)

C. 3 个(9 分)

D. 4 个(12 分)

(4 个以上每个增加 3 分)

计分:9 分为合格。

6. 在宝宝学画的过程中。他会:

A. 画竖线(4 分)

B. 画横线(6 分)

C. 画开口曲线(8 分)

D. 模仿画圆形(封口曲线)(10 分)

(画出由圆形衍变的图画如太阳、苹果、梨等,每个加 2 分)

计分:10 分为合格。

7. 宝宝会唱一首歌:

A. 不会唱(0 分)

B. 不能辨认是什么歌(5 分)

C. 大致会唱,可以辨认是什么歌(10 分)

计分:10 分为合格。

8. 宝宝能说清楚大人称呼(爸爸、妈妈、爷爷、奶奶、阿姨、叔叔等):

A. 1 人(5 分)

B. 2 人(10 分)

C. 3 人(12 分)

D. 4 人(14 分)

(4 个以上每加一个递增 3 分)

计分:10 分为合格。

9. 宝宝喜欢躲藏让人寻找(门后、柜子后、桌下、床下等):

A. 总是在一个地方(4 分)

B. 2 处不同的地方(6 分)

C. 3 处不同的地方(8 分)

计分:6 分为合格。

10. 宝宝会使用小勺吃饭:

A. 要人喂(0 分)

B. 吃去一半(4 分)

D. 吃去大半(6 分)

D. 完全自己吃干净(8 分)

(会用筷子加 5 分)

计分:8 分为合格。

11. 宝宝在学跳的过程中,会:

A. 不离地跳(6 分)

B. 大人牵双手,从最后一级台阶跳下(10 分)

C. 自己双脚离地跳(12 分)

计分:10 分为合格。

12. 宝宝上楼梯:

A. 被大人抱上楼梯(0 分)

B. 大人牵上楼梯(5 分)

C. 双脚踏一台阶(8 分)

D. 自己扶栏,双脚交替(10 分)

(自己扶栏,双脚踏一台阶下楼梯加 3 分)

计分:10 分为合格。

测试分析:第 1 ~3 题测试宝宝的认知能力;第 4 ~6 题测试宝宝手的技巧;第 7 ~8 题测试宝宝的语言能力;第 9 题测试宝宝的社交能力;第 10 题测试宝宝的自理能力;第 11 ~12 题测试宝宝的运动能力。统计全部分数,将其相加后,得出以下结论:

110 分以上:优秀。

70 ~110 分:正常。

70 分以下:暂时落后。

19~21个月宝宝全脑开发

19～21个月宝宝发育特点

快2岁的幼儿走路已经很稳了，能够跑，还能自己单独上下楼梯。如果有什么东西掉在地上，他会蹲下去把它捡起来。幼儿能较好地记忆形象事物，但不善于记忆抽象事物。这个年龄阶段的宝宝听到音乐的时候有快乐的表情，能跟随大人做简单的动作。

动作能力

这时的孩子很喜欢大运动的活动和游戏，如跑、跳、爬以及跳舞、踢球等，并且很淘气，常会推开椅子，爬上去拿东西，甚至从椅子上爬到桌子上，从桌子上爬到柜子上，你会发现他总是闲不住。

快2岁的幼儿只用一只手就可以拿着小杯子很熟练地喝水了，他用勺的稳定性也有很大提高，他能把6～7块积木叠放起来，会把珠子穿起来，还会用蜡笔在纸上模仿着画直线和圆圈。

记忆与思维能力

宝宝观察、感受过的具体形象的事物在头脑中储存下来的形象叫表象，比如“天安门”“幼儿园”“汽车”等都是它们的具体的形象而不是抽象的概念。表象储存越多，越有利于宝宝掌握更多的知识、发展思维和想象力，特别是当他认识某件事物时，告诉他事物的名称，这样具体的形象和抽象的语词相联系，可以提高他的概括能力，促进记忆的准确性与提取信息能力的发展。

社交能力

宝宝能记住自己的名字、衣服和小朋友的名字。能按照大人的吩咐办事，大人面部略带表情就知道自己做得“对”还是“不对”。

为了让大人注意他（她），宝宝常会做出这些举动如抓大人的手臂、撞大人、故意做出格的事或不服从大人，但他（她）和别的宝宝一起玩时却能改变自私行为，与之和谐相处并很少争吵。在宝宝寻求大人的关注时，大人应及时给予爱的回应，当他（她）拒绝服从时，可采取让他（她）分心的方式避免不愉快发生。要多给宝宝提供与别的孩子交流的游戏（如团体游戏）机会及各种有助于一起玩的玩具，及时表扬他（她）与别人和谐相处和分享玩具的行为。

>> **全脑开发小贴士**

快2岁孩子的注意力集中的时间比以前长了，记忆力也加强了，他大约已掌握了300个词汇。他能够迅速说出自己熟悉的物品名称，会说自己的名字，会说简单的句子，能够使用动词和代词，且说话时具有音调变化。

体格发育

宝宝的肚子仍比较大，腹部向前突出。这时他已经能够控制自己的大便了，在白天也能控制小便，如果来不及尿湿了裤子也会主动示意。

心理发育

19~21个月的小儿活动范围、活动花样又较前丰富了许多，喜欢爬上爬下，如擦桌子扫地等，喜欢模仿着做广播操等活动。如果家长耐心教他数数、念儿歌，宝宝会很有兴趣地学，他会眼看大人的节奏说出每句儿歌的最后一个押韵的音。

宝宝的语言能力日益提高，在与大人日常生活、游戏、交流的同时，学会了不少语句，从1岁左右只会说一个词，到20个月时，宝宝会说20~30个词语。这时宝宝在玩玩具时，也开始自言自语了。他在搭积木时会小声叽叽咕咕，家长可参与到孩子快乐的游戏中，与宝宝一起玩。这时不要用儿语与他对话，因为可能会耽误孩子学话的进程。

智力开发注意

(1)充分认识家庭教育的重要性。学校教育可以使学生掌握知识,培养水平。好的家庭教育,可以开发儿童智力,为更好地掌握知识奠定基础,从某种意义上讲,人的命运几乎取决于家庭环境和教育。

(2)破除天才论。遗传因素对人的智力发展是有影响的,但不是起着决定性作用。“天才”不是生而知之,而是学而知之,是靠后天教育影响形成的。

(3)不要揠苗助长。应尊重孩子的成长特点,遵循儿童智力发展规律,循序渐进,因势利导,不可超越孩子智力发展的可能性。

(4)要有毅力。人才的培养周期性长,不可一劳永逸。三天打鱼,两天晒网,是培养不出人才来的,必须持之以恒。同时,注意方法多样化和灵活性,不管多么好的方法,没有好形式绝不会收到好的效果。

(5)智力发展与非智力因素的发展是不能分开的。比如,学习兴趣、意志、性格是智力发展的动力,并能弥补智力的不足,改善大脑的工作状态。

19～21个月宝宝全脑开发营养方案

这个阶段宝宝的乳牙已经大部分出齐，消化能力进一步提高。在膳食安排上可以比照成人的饮食内容。此后，乳品不再是宝宝的主食，但尽量保证每天饮用牛奶以获取更佳的蛋白质。宝宝的食品应当尽量细、软、烂，以利于营养成分的吸收。

宝宝饮食安排原则

保证宝宝饮食多样化。平时白天的饮食在一定时期内最好多样化，肉类、鱼类、蛋类、蔬菜水果类、谷类等都要常常换着吃，养成宝宝饮食多样化的习惯，又可满足宝宝身体对各种营养素的需求，不会导致因单调的食谱而出现的营养不全的问题，还可以培养宝宝对不同品种食物的接受能力，提高宝宝对饮食的兴趣。

宝宝的食物要软、烂、碎，利于宝宝消化吸收。虽然萌出的小乳牙可以帮助宝宝咀嚼食物，但是，宝宝的咀嚼功能和消化功能仍旧不完善，在烹调宝宝的食物时要多下些功夫，一些比较硬，或者不易消化的食物还是暂时不要给宝宝吃。

少食多餐。宝宝的饭量要比成人小，可是所需的营养与成人相比并不少。不要强迫宝宝一次吃很多，每次少给一些，如果不够再添加。宝宝在这个时期应该每天吃5～6餐，即在正常的3餐之间加餐2次，睡前可以再少吃一些。

19～21个月宝宝全脑开发营养食谱

蔬菜牛肉粥

【原料】牛肉48克，菠菜20克，胡萝卜20克，土豆20克，米饭30克。

【制作方法】

(1)牛肉磨碎。菠菜、胡萝卜、洋葱、土豆炖熟并捣碎。

(2)将米饭、蔬菜末和肉末放入锅中煮,并用少量盐调味。

菠萝鸡丁

【原料】鸡腿肉200克、菠萝块200克、青椒100克、葱姜适量。

【制作方法】

(1)鸡腿肉拍松,切丁后用酱油、湿淀粉、糖腌透。

(2)热锅加油,将鸡肉过油捞出。

(3)留底油,炒葱姜,放入菠萝块、青椒,后将鸡丁倒入翻炒,放上葱段、姜片、柿子椒。

鸡蛋粥

【原料】胡萝卜20克,菠菜20克,米饭30克,肉汤100毫升,鸡蛋1个。

【制作方法】

(1)将胡萝卜和菠菜切碎。

(2)将米饭、肉汤和切碎的胡萝卜、菠菜倒入锅中同煮。

(3)煮开之后放入捣好的蛋糊并搅开。加盐调味。

菠菜粥

【原料】新鲜连根菠菜150克,粳米100克。

【制作方法】

(1)将菠菜洗净,用开水焯一下,捞出切碎,粳米淘洗干净。

(2)砂锅置火上,放入水及粳米,煮至米烂粥稠时加入菠菜,烧开即成。

【营养功效】菠菜含铁量丰富,有补血作用,能治贫血,有养血止血作用。此粥具有补血、止血、润肠功能。常食此粥可防治小儿缺铁性贫血。

19~21个月宝宝全脑开发训练

这个阶段可为宝宝提供一些促进知觉和动作发展的玩具，如哗铃棒、彩环、彩球、八音盒等。同时也要做一些增强宝宝身体各部分肌肉的力量和耐力、提高身体运动的平衡能力的训练，促进宝宝身体和智力同时发展。

动作能力训练

发展动作协调能力

泥塑、拼贴画，既可发展小儿手动作的灵巧性，也可促进小儿想象力和创造力。教会宝宝搓、揉、压、卷、捏等动作，并在此基础上塑造各种物和人的形象，父母可适当给予指导和帮助，从容易的形象学起，以发展小儿的想象力、创造力，提高动手创造的能力。三轮童车是这个年龄段小儿特别喜爱的玩具，骑三轮童车既增强宝宝的体质，又培养小儿胆大心细、集中注意力的良好习惯，还可以借此训练小儿动作的协调性、敏捷度和良好的反应能力，并能帮助小儿埋解交通常识。

>> 全脑开发小贴士

宝宝在刚学会走路时即踉踉跄跄，步伐显得比一般人走路要快，但那不属于跑，而是宝宝还不能很好地控制身体。在宝宝能较好地控制身体，能平稳地走路后就可以开始练习学跑了。刚开始的时候，宝宝的动作比较僵硬，速度可能慢一些，父母要经常鼓励宝宝练习，逐渐地使宝宝能够较稳定地、协调地跑，速度可以逐渐加快。在此基础上，可以教宝宝学习转弯、绕障碍物跑等。

使用工具

培养宝宝的手部灵活性。妈妈在和宝宝玩球时故意把球滚到宝宝能看到，但拿不到的地方，比如桌子底下、床底下等。妈妈可以拿一根棍子，慢慢地把球拨出来，让宝宝在一旁观看，然后让宝宝自己也试试，看是否能把玩具拨出来。

妈妈也可示范把棍子伸到比玩具更远的地方，向自己的方向用力把玩具拨出来。

这个游戏能促使宝宝学会使用工具，丰富手部动作，同时对培养宝宝的生活自理能力也有一定的帮助。但父母尽量不要把球放到太过狭窄的地方，以免玩具在宝宝拨的过程中被卡住。

套碗

妈妈准备大、中、小三个套碗，让宝宝将最小的一个碗放在中间的碗内，再将这两个碗放到大碗内。当宝宝能熟练地套三个碗时，再让宝宝将碗扣过来，大碗放在下面，中碗放在中间，最小的碗放在最上面，形成三层的塔形。当宝宝熟练之后，鼓励宝宝自己套着玩。

在宝宝已经可以控制大肌肉运动能力的同时，也要充分考虑宝宝小肌肉运动能力的发展，尤其是控制手指的能力。游戏能促进宝宝小肌肉运动的能力，同时提升手眼协调能力。

社交能力训练

学大象

妈妈告诉宝宝："我们今天要来学一种动物做游戏，该学什么好呢？"让宝宝回答学什么，比如学大象。

妈妈可以让宝宝一只手抓着鼻子，甩动着手臂模仿大象鼻子，另一只手从前一只手臂所形成的洞中伸过去，慢慢悠悠地走，做出大象的样子。

妈妈也做出大象的样子，一只手抓鼻子，另一只手从手臂与鼻子形成的洞中伸出来，与宝宝握手，打招呼说："很高兴见到可爱的象宝宝！"让宝宝模仿大象的样子，然后在房间里转来转去，假装是大象妈妈和大象宝宝在丛林中玩。

通过模仿游戏，宝宝会与家人之间形成快乐的气氛，这对培养宝宝愉快的情绪也很有好处。

认知情绪

在一把木匙上画一张哭脸，在另一把上画一张笑脸，然后按木匙上的脸的表情进行表演，让宝宝也去做，并问宝宝哪一把木匙符合他今天的心情。这样可以教给宝宝一种交流的方法，并使他懂得自己的情感。

>> 专家建议

拍下孩子喜、怒、哀、乐的照片，并把照片贴在宝宝能看到的墙上。不时去看看这些照片，问宝宝哪一张是高兴的脸，哪一张是悲伤的脸，大人也可以用这些照片和宝宝交流心情。通过表情识别情绪，发展自知意识，提供符号意识的训练。

红灯停，绿灯行

这个游戏适合在室外或家中宽敞的空间进行。爸爸和宝宝前后一排站好，宝宝拉着爸爸的衣服。

爸爸做“车头”，宝宝做“司机”，然后由“车头”领着“司机”走或跑，边走边带着宝宝学汽车“嘀嘀”地叫。妈妈用纸板做两个牌子，上面分别写着“红灯”和“绿灯”。当妈妈举起“红灯”时，“汽车”要停下；当妈妈举起“绿灯”时，“汽车”开始行走。

这个游戏不仅能给宝宝带来较多的走和跑的机会，帮助宝宝理解“红灯停，绿灯行”的交通规则，还能够促进宝宝大脑的协调作用。

>> 好妈妈大讲堂

2岁左右的孩子动作发展已超出日常生活的需要，动作的趣味性和难度都增加了。适当适量的体育活动不仅对大脑是良性刺激，能够提高大脑对全身各器官系统的调节支配能力，还能促进运动神经纤维及感觉神经纤维的髓鞘形成，使神经传导功能日趋完善。

语言能力训练

懂得“我”

宝宝在第一年还没有自我意识，不认识身体的存在，不能把主体和客体分开。1 岁以后随着宝宝独立行走以及语言能力的发展，才能逐渐将自己作为一个整体与其他客体分开。此时可教宝宝准确地说出自己的名字，包括姓，并教会宝宝正确地使用“我”这个词，能知道哪些东西是“我”的，哪些事情是“我”做的，如“我的娃娃”，“我要”，而不再说“贝贝的娃娃”“贝贝要”了。懂得你和我的意义，这是宝宝语言发展上的一个飞跃，他不仅会说名词、动词，还能说代词了。

认识宝宝

妈妈准备一些“嘴巴”“眼睛”“鼻子”“耳朵”“眉毛”等字卡。妈妈指着宝宝的嘴巴，告诉宝宝这是“嘴巴”，并给宝宝看相应的“嘴巴”字卡；妈妈指着自己的眼睛，告诉宝宝这是“眼睛”，并给宝宝看相应的“眼睛”字卡。妈妈问：“宝宝的嘴巴在哪里？”引导宝宝用小手点自己的嘴巴，并从若干字卡中找出“嘴巴”的字卡。让宝宝认识“鼻子”“耳朵”“眉毛”等字。字卡数量可由少到多，视宝宝认识水平而定。

一般到 2 岁前，宝宝基本能够对自己身体的各个部位以及整体形象有一个清楚的认识了。从宝宝开始学会讲话时，就可以让宝宝慢慢认识自己身体的各个部位了。

> **>> 好妈妈大讲堂**
>
> 这个阶段的宝宝常会重复说一件事，喜欢一页一页地翻书看。给宝宝看图片，他能够正确地说出图片中所画物体的名称。大人若让宝宝去做什么，他完全能够听得懂并且去做。宝宝开始学着唱一些单词的歌，还喜欢猜一些简单的谜语。

会说双字句

宝宝 10 ~ 15 个月时，平均每月可掌握 1 ~ 3 个新词，到 15 个月左右，宝宝就能说出一些单词句了，如“娃娃”“帽帽”。一岁半以后宝宝掌握新词的速度明显加快，进入了语言发展的突发期，会说 3 ~ 4 个字的双字句，如“妈妈，出去。”表示到外面，而不再用手指着外面了。这个时期的宝宝会用已经掌握的词汇和父母进行交谈了，应训练宝宝使用句子表达，最好在宝宝的生活环境中进行，使之易于理解和记忆。应当记住：在宝宝开始学习语言时期，父母应使用正确的语言，避免用语法不确切的话与宝宝交流。

背诵儿歌

开始宝宝背儿歌只能背第一句或最后一句，到20个月以后已经能完整地背诵儿歌和简单的古诗了。

儿歌举例

积木真有趣

积木宽，积木长，
我用积木盖楼房，
叔叔阿姨看见了，
都说房子真漂亮。

积木方，积木圆，
我用积木造花园，
桃树李树都结满，
结的水果香又甜。

过桥

小兔儿过桥蹦蹦跳，
小鸭子过桥摇呀摇，
小螃蟹过桥横着爬，
小袋鼠过桥妈妈抱。

>> 全脑开发小贴士

宝宝语言的发展是由于宝宝内部有一个专门从事语言发展的系统，但这个系统不能使宝宝一张嘴就说出完整的语言，有一个由低到高的发展过程。宝宝只要暴露在语言环境之下，就一定能够熟练地掌握母语。在宝宝自然发展语言时期，需要父母帮助的是让孩子暴露在自然的语言环境之下。

记忆能力开发

家庭相册

找来家人的照片，和宝宝一起看。边看边告诉宝宝，照片上的人都是谁，宝宝该怎么称呼他们，这些亲人都在做什么。比如告诉宝宝："这是小姨，在上海读大学。""这是叔叔，在北京工作。"教宝宝认了几遍后，妈妈可以指着照片上的人问宝宝这个人是谁，让宝宝逐渐熟记。

游戏能锻炼宝宝记忆人相貌的能力，并通过记忆说出对他们的称呼。刚开始的时候，妈妈可以让宝宝少记几个人，只让宝宝认那些经常来的亲属，并且重复这些亲属的名字。让宝宝看熟照片上的人是谁，将来见面时也不会感到陌生。

少了什么

妈妈向宝宝出示几件宝宝熟悉的物品，当宝宝观察几分钟后，让宝宝闭上眼睛。妈妈藏起其中的一种物品，让宝宝睁开眼睛看一看，是什么东西少了。

妈妈让宝宝说出少了的物品的名称，接着妈妈可以继续藏几种物品，物品可由少到多，不断增加难度。还可以逐渐过渡到让宝宝简单描述物品的形状、颜色等，并说出它们的用途。

游戏能让宝宝的观察力、注意力、记忆力和语言表达能力都有所提高。妈妈有时间的话可以常和宝宝玩。

浴巾中的宝贝

在宝宝洗澡的时候，把宝宝洗澡时玩的玩具包入浴巾，放在浴盆或水槽边，让宝宝去发现里面有什么。还可以在里面放上他的洗澡香波瓶或一支牙膏。这个游戏可以发展记忆力和社交技能。

>> 专家建议

父母可用录音机录下敲门声、猫叫、狗叫、洗碗以至宝宝熟悉的亲人说话的声音，汽车的行驶声，然后父母播放让宝宝仔细听，并让宝宝说出都是什么声音，是谁的声音。当宝宝说错的时候，父母可以给宝宝纠正，让宝宝仔细分辨清楚。该项训练可以培养宝宝的记忆力、判断力和听力。

线的那头有什么

取两只量杯，在一只杯子中装1/4的沙，在另一只杯中装满沙，让宝宝一手握住一只，告诉他哪一只杯子分量重；然后把沙子倒成两堆，并告诉他哪一只杯子装有更多的沙。这个游戏主要是展示因果关系，培养宝宝数学和精细动作的技能。

用色彩鲜艳的纱线把玩具绑在宝宝的高脚椅上，并让玩具悬挂下来。鼓励宝宝把它们拉起来看线的那头有什么。当宝宝长大一点的时候，在他们可能看到玩具之前要先问他拉起来的是什么玩具。这是一个展示因果关系的一个好实例，也可以发展宝宝的记忆力。

思维能力开发

拼脸谱

用大纸画一张脸，再用小纸片画上脸部器官（眉、眼、鼻、耳、口），让孩子摆在正确的位置上。然后再帮助孩子将画好的身躯、四肢、手足、衣服等摆正。

建筑模型

父母运用各种形状和颜色的建筑模型玩具开发宝宝的想象力。建筑模型玩具需要可以互相组合的、色彩鲜艳的凹凸的塑料积木。父母和宝宝一起建造想象中的乐园。试着造一座城堡、一片树林。或者用积木做一顿“午餐”，黄色的是香蕉，绿色的是青菜，紫色的是蓝莓。这样对锻炼宝宝的想象力以及手部精细动作都有好处。

数数的前后关系训练

训练家长依次向幼儿提下列问题,让幼儿回答。

妈妈:“宝宝,从5数到6。”

幼儿:“5、6。”

妈妈:“数数时,6前面的数是几?”

幼儿:“5。”

妈妈:“数数时,5后面的数是几?”

幼儿:“6。”

妈妈:“5在前面,6在后面,对吗?”

幼儿:“对,5在前面,6在后面。”

目的:训练幼儿掌握自然数的各个数之间的前后关系,为学习序数和进行比较数的大小作准备。

数学与逻辑能力开发

分轻重

准备三个相同的不透明瓶子,一个瓶子中装满沙土,一个瓶子装一半,另一个瓶子中只装一点点。

让宝宝分别用手掂量一下,然后问宝宝:“哪个瓶子最重?”“哪个最轻?”当宝宝说出后,妈妈可以让宝宝把沙子倒出来,然后说一说为什么瓶子的轻重不同。

如果宝宝不能说清瓶子为什么轻重不同,妈妈可以告诉宝宝,装得最多的最重,装得最少的最轻。

妈妈也可将装着不同重量沙子的三个瓶子随意放在地上,然后让宝宝按轻重的顺序给瓶子排队。游戏可以帮助宝宝提高辨别物体轻重的能力,还能锻炼宝宝的排序能力,对自然智慧和数学智慧发展都有帮助。

>> 爱心妈妈温馨提示

推理能力是数学智能的重要内容，具备严密的逻辑推理能力对今后的计算能力和解决问题的能力都有很大的帮助。培养宝宝懂得初步的因果关系，进行简单的逻辑推理，可以使宝宝的数学智能得到很大的发展。

小动物找家

妈妈准备兔子、狐狸、松鼠、猫、鱼的图片各一张，三张白纸，然后分别在三张白纸上画兔舍（兔舍是兔子的窝）、小河和大树，并将图纸贴在墙上；妈妈把兔子、狐狸、松鼠、猫、鱼的图片拿给宝宝看，并说："宝宝，墙上是三个动物的家，妈妈先将这三个动物送回家吧。"妈妈故意把那三个小动物放错，小兔子放在小河里，鱼放在树上，小松鼠放在兔舍里。引导宝宝仔细观察，然后问宝宝："它们住的地方对不对？"并让宝宝把它们一一送回到自己的家里，可以让宝宝描绘一下每个动物应该住在什么地方。可以随宝宝的能力，对动物种类的数量做一下增减。

游戏可以提高宝宝的对应能力，而且对综合、比较、概括能力的提高也有帮助，还能发展语言智能。

融化的玩偶

准备一个制冰盒，以及可以放进制冰盒里的几个小玩具。把小玩具放进制冰盒，在盒中加水，还可以在里面加入各种颜色的食用色素，放到冰箱里冷冻。

倒一盆温水，把裹在冰块里的玩具放入盆中，妈妈引导宝宝观察冰块在温水中逐渐融化的样子。当冰全部化掉时，宝宝会对那些小玩具充满新奇感。

宝宝对逐渐融化的冰块充满好奇，并会思考为何会出现这样的现象，这对于训练宝宝的逻辑思考能力有帮助。

>> **全脑开发小贴士**

玩具是宝宝最喜爱的伴侣。但宝宝还未学会玩时，常会四处扔，如果父母过于积极地帮助收拾玩具，又不为宝宝提供盛器，不教宝宝如何收拾玩具，宝宝就会养成乱扔玩具的坏习惯。因此，及早开始教宝宝收拾玩具并养成习惯极为重要。

19~21个月宝宝全脑开发游戏

不同年龄阶段的宝宝要选择合适的全脑开发游戏。具体的游戏该如何传授，家长可根据具体情况，按照宝宝的年龄特点进行处理。2岁左右的宝宝大脑已经有了一定的发展，全脑开发训练就显得十分重要。

数书

游戏目的：培养宝宝识字前技能和数数能力。

游戏方法：坐在书架前，并让宝宝坐在父母的膝盖上，慢慢地数书架上的书。开始时只数几本，再逐渐增加，同时按书的颜色进行分类。

萝卜吸盘

游戏目的：激发宝宝强烈的好奇心，引导宝宝探索出现这种状况的原因，提高分析能力。

游戏方法：准备若干新鲜的萝卜和一个盘子。妈妈用刀把萝卜从中间切开，在萝卜中间挖一个浅凹坑，然后让宝宝把萝卜的切面用力按在盘子的中间，然后慢慢提起萝卜，盘子也会被一起提起来。在宝宝成功提起盘子后，妈妈一定要记得鼓励宝宝。

萝卜被提起来时，在萝卜的凹坑处形成了近似真空的状态，这时大气的压力就会把盘子托住了。

>> 专家建议

幼儿专家认为，每个人或多或少都偏爱某种颜色。宝宝对色彩浓烈的颜色会比较敏感，而球形也是孩子第一种认识的形状，对于这两个“第一”的“朋友”一定是有不一样的感情的。如果想让宝宝去接受更多的形状和颜色，可以让他接触更多的帮助形状辨识和色彩辨识的玩具。

摆积木

游戏目的:培养宝宝的形象思维能力。

游戏方法:妈妈准备一些不同形状的积木,比如长方形、正方形、圆形、三角形等。

然后再准备一些图片,比如苹果、电脑、绳子、小房子等。

然后妈妈用积木摆出圆圆的形状,问宝宝:“宝宝看这像什么呀?”如果宝宝回答不出来,妈妈就可以给宝宝看苹果的图片。然后让宝宝自己动手将积木摆成圆形。

这个阶段的宝宝,已经能初步认识一些简单的形状了,这时父母可以引导宝宝将相同形状的物品联系起来,增强宝宝的形象思维能力。但是不要把自己的思维强加给宝宝,如果宝宝认为圆形的积木更像太阳或者烙饼的话,父母就没有必要强调苹果了。

贴人脸

游戏目的:培养宝宝的观察力、记忆力和想象力。

游戏方法:用笔在每一张白纸上画一个圆形作为人脸,将五官贴在五张人脸上,但每张人脸都缺一个器官,或者缺眉毛,或者缺眼睛,或者缺鼻子。给宝宝看一张不完整的人脸图形,并问他:“这张脸缺少了什么?”若宝宝答不出来,可以让他看看洋娃娃的脸再回答。待宝宝回答正确后,让宝宝找出所缺器官的图片,将其贴在正确的位置上,依次完成五张不完整的人脸。

家庭博览

游戏目的:提高宝宝的认知能力。

游戏方法:带宝宝进厨房,看见什么就问宝宝:“这是什么?”如果他说不出来就告诉他“这是什么”“做什么用的”等。同样，带宝宝到洗手间，看看香皂、毛巾、手纸等都有什么用。过几天再带宝宝参观书房，看看有哪些宝宝叫不上来名字的东西，慢慢教他认识更多的东西。

>> 全脑开发小贴士

因为不同的游戏孩子身心各方面的发展有着不同的作用，例如角色游戏主要培养孩子个性品德；结构游戏着重培养孩子的感知、思维及动手操作能力；智力游戏则偏重训练孩子智力的敏捷性、创造性等。所以，家长应创造条件为宝宝提供玩多种游戏的机会。

小鱼进网

游戏目的：提高宝宝的应变能力、表达能力。

游戏方法：爸爸、妈妈手牵手围成圈当“网”，让宝宝当“小鱼”。游戏开始后，爸爸和妈妈一边念儿歌一边准备网“小鱼”：“一网不捞鱼，二网不捞鱼，三网才捞鱼。”数到三的时候，宝宝就要躲开“鱼网”，如果不小心被网住，爸爸和妈妈就要问宝宝：“是大鱼还是小鱼？”如果宝宝答“大鱼”，妈妈就说：“把它送到鱼市上去。”如果宝宝答“小鱼”，爸爸就说：“把它送回水里去。”

蒙瞎瞎

游戏目的：培养宝宝的记忆能力。

游戏方法：把孩子双眼用布轻轻蒙上，让孩子摸家里的人，让他说出是谁。成功的表扬，失败的让他重摸。总摸不准的，可告诉他爸爸什么特点，奶奶什么特点，让他掌握。大人还可给他做示范，摸到孩子时可故意说些逗趣的话，让孩子感兴趣。

小船游泳

游戏目的：宝宝通过看、摸、挤等活动，获取直接经验，促进宝宝空间智慧的发展。

游戏方法：妈妈准备一盆水，还有两张颜色不同的吸水性能差异比较大的纸：一张红色的吸水性稍差的信纸；一张白色的吸水性强的纸巾。先让宝宝摸两张不同的纸，并告诉宝宝："红色的纸好硬啊，白色的纸是软的。"将两种颜色不同的纸折成两只小船，然后妈妈拿一只，宝宝拿一只，一起将小船放入水盆中。引导宝宝观察一下，是妈妈的小船先沉入水中，还是宝宝的小船先沉入水中。然后和宝宝一起捞起两只小船，挤挤水，让宝宝注意观察一下，哪一只小船挤出的水多。

>> 好妈妈大讲堂

在选择和指导游戏时父母不仅要考虑宝宝的年龄特点，还应针对宝宝自身发展的特点和需要，选择和组织能促进宝宝某种能力发展的游戏。例如宝宝总是粗心，家长可选择一些相应的智力游戏，比如"找出它们的不同之处"，即在A、B两幅相似的图中寻找不同点；对好胜心强、处处以自我为中心的孩子则可让他在角色游戏中当配角，比如在医院游戏中当"病人"，以游戏规则来限制他的行为。

智力测试

1. 认识几种交通工具：汽车、马车、自行车、飞机、火车、轮船等：

A. 4种(8分)

B. 5种(10分)

C. 6种(12分)

计分：以10分为合格。

2. 认颜色：红、黑、白、黄等：

A. 1种(5分)(3种以上每种递增3分)

B. 2种(10分)

C. 3种(15分)

计分：以10分为合格。

3. 认数字或汉字：

A. 1个(5分)(4个以上每个3分，5个以上每个2分，10个以上每个1分递增)

B. 2个(9分)

C. 3个(15分)

计分：以9分为合格。

4. 认识家庭照片中的亲人：
A. 3人(9分)
B. 4人(12分)
C. 6人(14分)
计分:以12分为合格。
5. 拿蜡笔画长线,为鱼点眼睛,会画圆(封闭的曲线)：
A. 1项(5分)
B. 2项(10分)
C. 3项(15分)
计分:以10分为合格。
6. 说出自己“1岁”,或伸食指表示：
A. 伸出食指(3分)
B. 会说“1岁”(6分)
C. 会说“我1岁”(10分)
计分:以6分为合格。
7. 背儿歌：
A. 背押韵字(6分)(每首儿歌递增5分)
B. 背两句(10分)
C. 全首(15分)
计分:以10分为合格。
8. 替大人拿东西,如拖鞋、板凳等日用品：
A. 拿对1种(3分)(5种以上每种递增2分)
B. 拿对2种(6分)
C. 拿对3种(10分)
D. 拿对4种(12分)
计分:以10分为合格。
9. 自己端杯喝水：
A. 用奶瓶(0分)
B. 大人端杯(3分)
C. 自己端杯少洒(5分)
D. 自己端杯不洒,可以放弃奶瓶(10分)

计分:以 5 分为合格。

10. 自己会去坐盆:

A. 用纸尿裤(0 分)

B. 要人把(3 分)

C. 每次要大人提醒(6 分)

D. 偶湿裤子(9 分)

E. 白天不湿裤子(12 分)

计分:以 9 分为合格。

11. 跑步:

A. 大人牵着跑步(5 分)

B. 扶人扶物停止(10 分)

C. 自己渐慢停止(12 分)

D. 自己快跑会停(15 分)

计分:以 10 分为合格。

12. 踢球:

A. 牵手踢球(3 分)

B. 扶人扶物才踢球(6 分)

C. 不必扶物或扶人(9 分)

C. 会向一个目标踢球(12 分)

计分:以 9 分为合格。

测试分析:第 1 ~4 题测认知能力,应得 41 分;5 题测手的技巧,应得 10 分;第 6 ~7 题测语言能力,应得 16 分;第 8 题测与人交流能力,应得 10 分;第 9 ~10 题测自理能力,应得 14 分;第 11 ~12 题测运动能力,应得 19 分;共可得 110 分。统计宝宝的全部分数,将其相加后,得出以下结论:

120 分以上:优秀。

70 ~110 分:正常。

70 分以下:暂时落后。

21~24个月宝宝全脑开发

21～24个月宝宝发育特点

此阶段的孩子在动作、语言方面发展的同时，好奇心也很强，对什么都感兴趣，凡是能够得到的、拿得动的东西，他都想尝试一下，再加上孩子缺乏生活经验，所以，在这段时期要特别注意看护，给孩子创造一个安全的环境。

心理发育特点

2岁后，幼儿的动作发育明显发展，能自己洗手、穿鞋，看书时能用手一页一页地翻。手的动作更复杂精细，有随意性。在自我意识开始发展时，出现“自尊心”，家长在教育孩子时，要耐心诱导，对待宝宝的每一点进步都要表扬，不要同别的孩子比，要和宝宝自己的进步比。千万不要当着孩子的面同别人议论：“看××早就会了，我家宝宝就是不会！”孩子能懂得别人数落自己，这会损伤孩子的自尊心，会使他心理发育受到障碍。

宝宝能应用简单句，使用陈述语气。喜欢学三个字的儿歌，对儿歌的记忆是自然而然的。记忆的东西不能保持很长时间，需要反复教，不断复习才能记住。

2岁左右的幼儿喜欢看画片，喜欢看电视动画片，喜欢大运动量游戏。他会学着把玩具收拾好，并且对自己能独立完成一些事情的技能感到很骄傲。比如他可能把积木搭好然后拉你去看。2岁左右的幼儿很爱表现自己，也很自私。将近2岁的幼儿独立性还很差，如果突然给他改变环境，或让他与父母分离，他会感到恐惧。幼儿快满2岁了，喜欢独自到处跑着玩，在床上跳上跳下地蹦个不停，喜欢和小朋友们玩捉迷藏的游戏，喜欢玩有孔的玩具，习惯将物体塞入孔中，反复玩弄不厌其烦。还喜欢听儿歌、听故事、搭积木、按开关等有趣的活动。

>> 全脑开发小贴士

2岁左右的幼儿，胆量大一些了，不像以前那样畏缩，不再处处需要家长的保护，他不再像以前那样时刻依赖着大人，能够较独立地活动。幼儿的情绪多数时间都比较稳定愉快，有时也发脾气。在高兴时会用亲昵的声音和举动靠近父母。这一年龄阶段的幼儿做事喜欢重复，并且有一定的顺序性和规律性。家长可以在日常生活中，如玩具的摆放，家庭简单物品的设置和生活规律上，给予幼儿有意识的培养。

语言能力

到了这个月龄，有一半的宝宝会使用200～300个词汇，能说出3～5个字组成的句子，多数宝宝会用三个字组合的句子，表达他自己的所见所闻或感受，比如“宝宝睡”“他哭了”等。宝宝开始单一地用语言表达自己的要求，而不再总是借助肢体动作。宝宝学到了足以让他表达日常生活的词句，语言发达的宝宝，还会说出一些能引起父母注意的词汇，赢得父母的赞赏。宝宝不但知道爸爸妈妈叫什么名字，还能够告诉其他人。更具有挑战意味的是，宝宝可能会直呼爸爸妈妈的名字。

动作能力

宝宝现在可以很平稳地走走跳跳以及跑步，他的平衡性会有所增加，他甚至还可以走出许多花样来，正着，倒着，横着，他会怎么喜欢怎么走。蹲下再起来的动作也已经难不倒他了。

记忆与思维能力

此时段宝宝记忆间隔时间增长，能记忆相隔十几天的事物，但仍以无意记忆为主。思维处于低级形式，还不能概括事物的本质属性。为使要记住的事物在宝宝头脑里形成深刻、清晰的印象，让他一遍又一遍反复地听或诵读，这是一种简便易行、行之有效的记忆方法。在宝宝活动过程中加以必要的引导，如让他跟着你讲故事、让他指路、背着说出娱乐器械的特点等,可以强化记忆。

数学与逻辑能力

尽管宝宝还不能数数,但是可以根据成人的指示拿出1个、2个或3个物体。在父母的帮助下,能够把红色积木或者相同形状的积木放在一起。空间知觉和深度知觉进一步发展,并表现出一定的时间知觉。

生活与社交能力

用勺子吃饭,不需要大人的帮助,只撒出少量米粒。能用语言表达自己的体验,如说“我在看书”“我在洗脸”等。会帮助别的小朋友放好玩具。拿玻璃杯等易碎的东西知道当心。注意大人对自己的评价,喜欢赞扬。有初步的是非观念,如懂得打人不好、脏东西不能动等。

不合群的处理方法

2岁的孩子长得聪明又活泼,就是有一点不好——不太合群。这主要是由于这个时期的孩子自我意识突出发展的结果。要把这个缺点改过来,教育孩子懂得建立友谊是非常重要的。但有些父母经常不知道如何去做。

对于年龄较小或内向孤僻的孩子,有一点很重要,就是邀请性格相近或有共同兴趣的孩子参加活动。活动刚开始,孩子们如何相处是不重要的,重要的是他们有机会在一起,一起玩游戏、搞活动,只要孩子获得了一次重要的共同经历,就能为日后的社交技能打下基础。一旦孩子喜欢和同伴相处了,那么你就应该对他(她)强调朋友的价值,鼓励他们交往,不要鼓励孩子抱怨同伴,否则就会强化他的孤僻。

>> 专家建议

等到孩子有了来往密切的朋友以后,父母的作用便是指导孩子如何与其他小朋友相处。确定与孩子年龄相适应的范围,灌输适当的价值观,鼓励孩子个人的成长和人际关系的发展。拥有一个“好朋友”是孩子成长过程中的重要任务,这能为他日后良好的人际关系打下基础。

21～24个月宝宝全脑开发营养方案

这个阶段幼儿的主食以米、面、杂粮等谷类为主，是热能的主要来源；蛋白质主要来自肉、蛋、乳类、鱼类等食物；钙、铁和其他矿物质主要来自蔬菜，部分来自动物性食品；维生素主要来自水果、蔬菜。膳食要做到碎、软、烂，鱼肉要去骨去刺；不要吃刺激性食品。

提高宝宝食欲

保证充足的睡眠。睡眠充足，精神抖擞，食欲提高。消化道的活动与大脑皮质的功能息息相关，睡眠不足会抑制丘脑的进食中枢，使消化液的分泌和胃肠道的蠕动明显减少。因此，充足的睡眠是提高食欲的先决条件。

别在餐桌上训斥宝宝。当一个人处在激动、愤怒、悲伤、忧虑时，幽门括约肌会反射性地收缩，使食物不能顺利地排空而滞留在胃中，导致食欲下降。因此，进餐时的环境应该保持安静、愉快、专心的氛围。

不要强迫宝宝进食。由于复杂的生理、心理和环境因素的影响，宝宝有时吃得多些，有时吃得少一点，这是很自然的事，有些家长却大惊小怪，紧张得不得了，怀疑宝宝是否患病了，或者硬要他吃完这份饭菜。有时由于硬塞反而引起宝宝恶心、呕吐，有的甚至产生反感、拒食，日久形成厌食。

饮食要定时。定时进食会使消化道形成固定的条件反射，以后每当临近吃饭时，整个消化系统便会动员起来，产生饥饿感，为进食做准备。

别让宝宝吃得过饱。宝宝全身的各个器官都处于一个幼稚、娇嫩的阶段,它们的活动能力很有限,如消化系统各器官所分泌的消化酶的活力比较低,量也比较小。在这种生理条件下,如果吃得太饱,就会加重消化器官的工作负担,引起消化吸收不良。所以,父母一定要有计划地供给食品,使宝宝能始终保持一个正常的食欲。

>> 爱心妈妈温馨提示

不要给宝宝吃得过多,否则会造成宝宝伤食,使消化功能紊乱,加重胃、肠、肝、脾、胰等消化器官和大脑控制消化吸收的胃肠神经及食欲中枢神经的负担,而使大脑皮质的语言、记忆、思维等中枢神经智能活动处于抑制状态。

21～24个月宝宝全脑开发营养食谱

蛋花冻豆腐

【原料】鸡蛋1个,冻豆腐1块,豌豆苗、酱油、白糖各适量。

【制作方法】

(1)冻豆腐在水中泡软后切成小长条,放入锅内,加适量水煮熟,加入酱油及白糖。

(2)烧沸后再打入鸡蛋液,加入豌豆苗,稍煮即成。

特色炒蛋

【原料】鸡蛋2个,皮蛋半个,咸蛋半个,西红柿1个,香菜1根,花生油20克,鱼露2克(可用浅色酱油代替),干淀粉3克。

【制作方法】

(1)将咸蛋蒸熟,去壳切粒;皮蛋去壳,洗净切粒;西红柿洗净,去籽切粒,用油少许爆炒1分钟。加入干淀粉搅匀。

(2)将鸡蛋磕入碗内,加入精盐、鱼露搅打均匀,再加入咸蛋粒、皮蛋粒、西红柿粒调匀备用。

(3)将炒锅置火上,放入余下的花生油烧热,倒入蛋料,推炒熟,撒上切碎的香菜即成。

香肠炒蛋

【原料】鸡蛋2个,香肠1根(重约10克),黄瓜15克。

【制作方法】

(1)将鸡蛋磕入碗内;香肠切成碎末;黄瓜去皮及瓤,切成碎末。

(2)将香肠末、黄瓜末放入鸡蛋碗内,加入精盐、味精搅匀。

(3)将油放入锅内,热后,把调好的香肠蛋液倒入锅内,炒熟即成。

猪脊肉粥

【原料】猪脊肉100克,粳米100克,食盐、香油、胡椒粉各少许。

【制作方法】

(1)先将猪脊肉洗净,切成小块,放锅内用香油炒一下。

(2)加入粳米煮粥,待粥将烂熟时,加入盐、胡椒粉调味,再煮沸即成。

【营养功效】猪脊肉是指猪脊背上的精肉,古代人已作为药用。其性味甘、咸、平。猪瘦肉含有丰富的蛋白质,并含有较多的碳水化合物、钙、磷、铁等营养成分,可防止发生营养不良。此粥补益人体,小儿常食可防止发生贫血。

21～24个月宝宝全脑开发训练

这一年龄段的宝宝大动作和精细动作的能力发展比较快，手眼配合能力、手的操作能力明显提高，可以握笔，也会用积木搭更高一些的塔，行走和跑动更为自如，喜欢模仿大人的各种动作，感情日益丰富。

动作能力训练

老鼠游戏

父母要边念：“大老鼠抬花轿，二老鼠放鞭炮，三老鼠吹喇叭，嘀嘀嗒真热闹。大老猫来贺喜，小老鼠全吓跑！”边带领宝宝做动作。

可以配合动作做游戏，当在做这些动作时脚原地踏步，分别做以下动作。

(1)抬花轿：两手臂屈到肩。

(2)放鞭炮：双手平举。

(3)吹喇叭：双手呈筒形，放在嘴边。

(4)老猫来贺喜：轻轻向前走。

(5)全吓跑：做逃跑的动作。

独自上楼梯

宝宝在这个阶段本领增大，他已经可以很自由地进行活动了，只是有时候动作还不够灵巧，身体的平衡性还差一点儿。为了使他的本领进一步加强，这个阶段可训练宝宝独自上楼梯。开始的时候，宝宝可能有些胆怯，父母要鼓励他，让他相信自己的能力，或者有意地往宝宝的手中放些东西，使他在无意中滕出手拿东西而不能扶楼梯，经过几次这样的锻炼，宝宝就有了信心和把握，可以稳定地上下楼梯了。

在刚开始训练的时候可以从少数几级楼梯开始，以后逐渐增多，这也是宝宝锻炼身体的好机会。

推球明星

准备一把干净的扫帚，还有一些红、黄、绿色的小球和几张写有数字的小纸片。

妈妈把玩具球放在客厅，用两把椅子“搭”成一个“球门”。妈妈让宝宝拿着扫帚，将球一个一个推进“球门”中去。再让宝宝根据妈妈的指令把球推到其他房间去。

妈妈根据球的颜色来发出指令，让宝宝推球入门。妈妈把小纸片分别贴在小球上，让宝宝听指令按照数字把球推入“球门”。

如果宝宝成功将球推入“球门”，妈妈就要给予夸奖，提高宝宝游戏的积极性。将认识数字和颜色的活动融入游戏中，可以提高宝宝的学习兴趣。

跳跃击球

用绳系住一个橡皮小球，悬放在幼儿头顶上方，教宝宝双脚跳起用手击球。可先扶住幼儿的腋下，帮助他起跳并平稳落下，球的高度可根据幼儿跳跃能力做适当调整，刚开始可以低些，能跳起击中后，可以高些。

>> 专家建议

研究表明，婴幼儿的脑具有很大的可塑性，尽早给予宝宝充分的营养和适宜的刺激，可以使受损伤不严重的神经细胞和神经纤维继续生长和传导功能恢复，也就是说：只要尽早地进行脑发育补偿，就能激发起脑发育的潜能。

语言能力训练

与宝宝一起背诵儿歌

背诵体现了记忆力以及语言能力，宝宝在背诵儿歌的时候，父母就可以看出宝宝智力发展的水平。宝宝一般都能够比较完整的背诵一首儿歌，如果能够伴随动作的话，宝宝背诵的过程就会更加顺利。

在背诵的时候，宝宝喜欢儿歌的韵律，如果能够和大家一起背诵的话，宝宝会更有兴趣。大人可以和宝宝一起背诵儿歌，同时做一些动作配合儿歌的韵律，让宝宝随着节奏背诵儿歌，感受欢乐。如果可能的话，可以让他和其他的宝宝一起背诵儿歌。一般来说，如果宝宝听到其他的宝宝背他特别熟悉的儿歌，他就会努力地去记诵，然后和对方一起背诵。可以说，在一起背诵的情况下，宝宝的记忆能力会大大地加强。当宝宝逐渐把句子背熟了之后，在恰当时间说出来就成了 3 ~4 个字的一句话。

所以，和宝宝一起背诵儿歌能够促进宝宝语言能力的发展，而且如果宝宝能够背其他宝宝也会背的儿歌时，就能够使他更容易进入宝宝的队伍，这样儿歌又成了宝宝的“共同语言”了。这有助于提高宝宝与其他宝宝共同学习的兴趣。

看书、理解简单的故事

教宝宝学习语言的一个好办法是看书，这个年龄段宝宝可以看一些有简单情节的图书了。父母可以利用图书给宝宝讲些简单的故事。故事中可以包含事物关系、生活常识、简单道理等，使宝宝的语言理解力增强，并教宝宝自己叙述图书中表达的意思。

>> 好妈妈大讲堂

宝宝记忆的过程不是一蹴而就的，需要从简单到复杂，从少数到多数。所以讲故事的时候，可以让宝宝先记住题目，然后记住故事中的人物，再让他记住其中一个一个的小内容，等到这些内容都记住了以后，再让他把整个故事连贯起来记住。

语言智能和惯用侧关系密切。一个惯用右手的人，他的语言惯用侧在左脑。因此，假如人不幸中风，伤在左脑，他就不能说话，但若中风时伤在右脑，他还是能说话的。孩子的惯用手若受强制改侧，他的大脑在混淆中很难决定语言路线的惯用侧，结果说起话来就口吃了。

快与慢

爸爸和妈妈带着宝宝到户外草地上比赛走路或跑步，看看谁快谁慢。

爸爸和妈妈先比赛，让宝宝当裁判，说出两人谁快谁慢。

然后爸爸和宝宝比赛，妈妈当裁判，看看谁快谁慢。

最后妈妈和宝宝比赛，爸爸当裁判，看看谁快谁慢。

也可以用装扮动物比赛的形式进行，如两只小鸭游泳比赛、龟兔赛跑、猴子爬树等。

如果宝宝语言发展较好，爸爸妈妈可以让宝宝学说“妈妈走（跑）得快”。或者说“爸爸走（跑）得快”。这个游戏能帮宝宝培养辨别快慢的能力，而且能学说一些简单的短句，提高语言的表达能力。

>> **全脑开发小贴士**

2岁的宝宝学会并记住家中每个人物的称呼，如爷爷、奶奶、姥爷、姥姥、小姨等。开始学会用代词你、我，能说完整句子，如“妈妈上班了”“我要吃香蕉”等。能分辨清楚长铅笔和短铅笔，吃苹果能分辨出小大，能知道桌上桌下，身体的前面后面。能知道爸爸是男的，妈妈是女的，也知道自己的性别。

记忆能力开发

“嘀嗒”的手表

妈妈把手表贴在自己的耳朵上，随着表的嘀嗒声说：“嘀嗒、嘀嗒。”说完之后，妈妈把表贴在宝宝的耳边，让宝宝听表的声音。妈妈随着表的声音慢慢说：“嘀嗒、嘀嗒。”

然后妈妈把表递到宝宝手里，同时问：“嘀嗒哪去了？”引导宝宝把表贴在耳边听。当宝宝把表放在耳边的时候，妈妈可以要求宝宝“把‘嘀嗒’给妈妈听一听”，看宝宝是否会把表贴在妈妈的耳朵边。

如果宝宝能做到，妈妈要及时鼓励并夸奖宝宝。有的宝宝好奇心强，不会那么快把表递给妈妈，妈妈要耐心等待。等宝宝满足了好奇心以后再跟宝宝要表，免得游戏无法进行。

让宝宝把声音和实物联系起来，丰富对世界的认识。

>> 好妈妈大讲堂

宝宝记忆间隔时间增长，能记忆相隔十几天的事物，但仍以无意记忆为主。思维处于低级形式，还不能概括事物的本质属性。为使要记住的事物在宝宝头脑里形成深刻、清晰的印象，让他一遍又一遍反复地听或诵读，这是一种简便易行、行之有效的记忆方法。

儿歌记忆

穿珠子

绿的圆珠子，
红的方珠子，
拿根细绳子，
大家穿珠子。

花非花

花非花，雾非雾。
夜半来，天明去。
来如春梦几多时，
去似朝云无觅处。

画画

宝宝爱画画，
样样都会画，
画只鸭子嘎嘎嘎，
画只青蛙呱呱呱，
画个娃娃哈哈哈，
送给爸爸和妈妈。

开舞会

准备一盘优美的音乐磁带，妈妈站在地上，宝宝站在床上，妈妈右手搂着宝宝，左手抓住宝宝的右手。妈妈让宝宝的左手搭在自己的肩上，模仿跳交谊舞的姿势，随着音乐跳，并引导宝宝做一些摇头、旋转、踢腿的动作。不要要求宝宝动作准确，只要能跟上节拍就可以。最后，爸爸和妈妈伴着音乐跳交谊舞，让宝宝欣赏，增加宝宝的直观感受。

通过音乐智能的发展，让宝宝体会音乐节奏和旋律，可以增强宝宝对声音的敏感性，促进宝宝记忆力、注意力的发展。

>> 全脑开发小贴士

要经常带孩子去公园和儿童乐园，在对大自然观察的过程中，要不断向孩子提出问题，让孩子去仔细地观察、比较和记忆。如早上出太阳后，天变得很亮；傍晚太阳落山了，天色变暗；晚上星星、月亮出来了天空就很漂亮。天气经常会有变化，有时晴天，有时阴天；有时炎热，有时寒冷；有时刮风，有时下雨，有时下雪；有时打雷，有时闪电……培养孩子从观察中进行比较、理解和适应大自然变化的能力。

我自己的画廊

在宝宝房间里辟出一块地方作为画廊。一块小的布告栏也是很有用的。可以在上面挂许多画，每天去说出画里物件的名称——树、妈妈、狗等。要经常调换图片。这个游戏可以让宝宝学习新的概念和词汇，增强宝宝的记忆力。

>> 专家建议

在生活中，给宝宝提出记忆任务，培养宝宝的记忆习惯。如周末带宝宝去公园，让宝宝留心公园中有哪些植物、是怎么样去公园的等，晚上回家后要求宝宝说给爷爷奶奶或者其他人听，宝宝描述时可以帮他记录下来，使宝宝产生一定的成就感。

创造性思维开发

预备菜单

准备一张纸、一瓶胶水、一支笔和一些带有食谱的图片。让宝宝从图片中选出自己喜欢的食物，然后再选出爸爸和妈妈最爱吃的食物。妈妈帮助宝宝将图片剪下来，然后让宝宝用胶水把图片都粘在白纸上，一份食谱就制作成功了。妈妈还可以在每种食物的下面标出名称，并引导宝宝认这些字。做饭之前，妈妈让宝宝随意点自己想吃的食物，然后尽量做给宝宝吃。经常让宝宝动手参与到一些制作类的游戏中，能激发宝宝的创作欲望和兴趣。

>> 好妈妈大讲堂

父母可以和宝宝玩一个想象的游戏。让宝宝面对一面没有过多视觉刺激的墙，妈妈手里拿着图画卡片或积木等，从宝宝的左耳后方进入他的左眼视野，问孩子："你看这个像什么呀？"让他用自己丰富的想象来回答妈妈的问题。注意，在问时一定不要问"这是什么？"这样的问题很容易得到单一答案，禁锢了宝宝的想象。

魔术杖与派对帽

培养宝宝的创造力。魔术杖的做法是，妈妈让宝宝先用图画纸把手杖粘贴起来，然后在上面贴上各种颜色的彩纸。妈妈引导宝宝在魔术杖顶端贴上星星，然后在手杖下面全部贴上彩色胶带，当作把手，再在手杖上写上宝宝的名字，这样魔术杖就做好了。

接下来做派对帽，妈妈引导宝宝把彩色的厚板剪成半圆，再帮助宝宝在其中一面贴上各种颜色和各种形状的色纸，并贴上蝴蝶结。

妈妈教宝宝把厚纸板折成三角帽，并固定住。在三角帽顶端插上棉絮，然后在三角帽下面的两端穿上洞，并系上线，派对帽就做好了。戴上帽子，拿着魔术杖，宝宝就成了王子或公主了。

这个游戏可以培养宝宝自己动手的能力，对宝宝的观察能力、组合能力都有促进作用。妈妈还可以用做魔术杖的方法，做一些小盒子、小纸杯等物品，激发宝宝的创造热情。

捏橡皮泥

准备一些彩色的橡皮泥。教宝宝将其做成“皮球”“烧饼”“面条”等，在宝宝掌握了玩橡皮泥的方法之后，要鼓励宝宝独立捏出自己身边熟悉的事物，真诚地欣赏宝宝的作品，选出宝宝做得比较好的作品，在家中展示。这个游戏能提高宝宝手部肌肉的灵活性，并有助于发展宝宝的想象力。

>> 专家建议

2岁宝宝开发全脑的重点，在于不断丰富思维和创新的源泉，训练宝宝联想、想象、记忆、直觉、分析、再现、对比、综合和创造性思维能力，训练动手、动脚、体验、创造等综合能力，使宝宝智力与非智力方面的素质得到更好的发展。

数学与逻辑能力开发

小小枪手

准备5张卡片，卡片上可以画几个水果或动物来表示多少。和宝宝互为“战斗”中的对方，共同举手作枪状，嘴里发出“叭叭叭”的打枪声，玩打枪游戏。和宝宝轮流取出卡片，根据卡片上的图形数量发出相应次数的声音，如打开卡片上的图形是两个苹果，就边做打枪的动作，边从嘴里发出“叭叭”两声。也可以妈妈出示卡片，宝宝发出相应次数的声响，和宝宝轮流进行。根据图片答对者为赢，可获得一颗红星作为奖励。

1岁半2岁的宝宝已经差不多能识别“5”了，不过也需多次练习才能达到认识5个数字的能力。父母要多通过游戏强化宝宝对数字的感知能力。

>> 好妈妈大讲堂

1～2岁年龄段，宝宝就突然发现了很多事情之间有“神秘”的联系。在日常生活中，这个聪明的小家伙已经察觉到很多事情之间有相互联系的“秘密”。比如当他哭的时候，妈妈会赶紧跑过来抱起他，或者给他吃的；在澡盆里他一摇晃小胖腿就可以泛起水花，把玩具扔进水里效果也不错。所以父母一定要注意宝宝逻辑能力的开发。

扑克牌游戏

成人准备一副扑克牌，教幼儿学会几种牌的分类及排列。如按颜色可分红、黑两色，按花色可分为红心、方块、黑桃、梅花4类。待幼儿认识扑克牌的花色大小后，还可教幼儿对牌进行排列游戏，即从小到大排列或从大到小排列。

目的在于训练宝宝图形、数字的识别能力和分类能力。可把每次活动所用的时间记录下来，看一看是否有进步。

>> 全脑开发小贴士

找生活环境中的数字。

如门牌号、楼号、汽车牌号、信箱号等，并与孩子一块讨论数字的用途，例如，比赛中的计分，可以用数字给东西命名，根据数字找到房子或街道的地址，也可以给食品标出价格等；还可以玩“牌照”游戏；大声朗读各类牌照上的数字；找一个上面有“2”的牌照或找上面有宝宝年龄的牌照，这样来训练孩子对数字的识别力。

建筑游戏

这是一种利用某些材料进行建筑活动的创造性游戏。幼儿非常喜欢利用木片、砖瓦、空盒、沙土等堆积各种东西，最常玩的有小型积木、沙土，进行有趣的土木建筑。这种游戏对儿童心理发展有三种作用：培养喜悦的情绪和控制力；培养丰富的想象力，满足表现欲望；发展对数量和图形的理解能力。

>> 好妈妈大讲堂

让宝宝数一切可以数的东西！数实物能帮助孩子通过亲身体验更好地理解数字。因此，你和宝宝间做数学游戏的最佳选择就是让孩子去数生活中的实物。例如数街上的电线杆或路灯，不仅练习了数数，还培养孩子的节奏感以及感受时间和空间的关系。

生活和社交能力训练

雨从哪里来

在给宝宝洗澡的时候，可以用浴巾或手指轻轻地滴水到他头上，同时唱起一首跟“雨”有关的儿歌。这个游戏可以给宝宝提供一种独特的触觉和音乐经验，培养其语言能力，从而促进他的社交能力。

认识新朋友

当父母带宝宝出去玩，见到其他小朋友和他的父母时，父母要先互相打招呼。父母打过招呼之后，再介绍宝宝互相认识，并让宝宝记住小朋友的名字。如果宝宝手里拿着玩具，妈妈可以引导宝宝与其他宝宝交换玩具玩。

2 岁前后，宝宝喜欢与同龄人接触，父母应该让宝宝认识更多的小朋友，学会与其他小朋友和谐相处，培养宝宝乐于交友的性格。

>> **全脑开发小贴士**

辨别是非的能力对于宝宝的成长很重要，比如“打人是不对的”“偏食是不对的”等，不一定跟他讲道理，而是用自己的支持或者反对来鼓励或者禁止他，不能对他粗暴，防止对宝宝起到反激作用。

人际关系智能开发

妈妈在厨房里做饭时，可以让宝宝在安全的情况下帮忙，比如让宝宝帮着递盐、醋和酱油等。妈妈可以告诉宝宝“宝宝把盐递给妈妈”“宝宝给妈妈拿一把勺子来”等。如果宝宝拿的不对，妈妈要及时纠正宝宝，并帮助宝宝认识这些东西。准备吃饭时，妈妈还可以让宝宝帮着拿盘子和碗等，比如“宝宝把自己的小饭碗端到桌子上”“宝宝来拿筷子”。

当宝宝完成任务后，妈妈不要忘了夸奖宝宝，“宝宝今天好棒啊，帮了妈妈不少忙呢”“今天的饭是妈妈和宝宝一起做的”，从而提高宝宝的积极性。

从小让宝宝帮父母的忙，不仅能培养宝宝的交往能力，还能锻炼宝宝的生活自理能力。

>> 好妈妈大讲堂

宝宝的感情现在可以用很多方式来表达了。现在重要的是教会宝宝如何在一个群体之中控制自己的感情,这是宝宝拥有社交能力的第一步。由于宝宝还无法控制自己的感情,可能会对其他的宝宝有一些不应该的举动。但是也不能因此而把宝宝和其他的小伙伴分开。事实上,只有让宝宝与其他的小伙伴待在一起,他才能知道如何在群体中控制自己的感情。

21～24个月宝宝全脑开发游戏

长到2岁的宝宝已经不喜欢和其他宝宝一起分享玩具，尽管平常喜欢和其他人一起玩。宝宝花很长时间自己玩那些可以独立操作的玩具，特别是那些模仿成人行为的玩具。为了孩子的全脑开发，父母们一定要慎重选择游戏。

成双成对

游戏目的：培养宝宝的数学能力。

游戏方法：准备好两只手套，两只鞋子。妈妈取出两只鞋子和两只手套，向宝宝提问："这是什么？它们有几个？"并引导宝宝说出是两个。

妈妈再伸出两只手，说："这是两只手，是两个。"妈妈和宝宝说话时尽量使用"2"，如"看那两棵树。"

妈妈还可以问宝宝有几只耳朵、几只脚等，一定要是成双成对的东西才可以，也可以让宝宝自己寻找一下成双成对的东西。

让宝宝认识成双成对的东西，能帮助宝宝弄懂"2"的概念。

左和右的知觉

游戏目的：培养孩子的感知能力。

游戏方法：帮助宝宝认识左右。戴手套时，让他伸出左手和右手。穿袜子和鞋的时候，告诉他左脚和右脚。给他穿左脚的鞋时，让他伸出左脚。走路或开车之时，告诉他你正向左转或向右转。

水温

游戏目的：丰富宝宝的自然知识。

游戏方法：妈妈准备三个脸盆，分别倒入凉水、温水和热水。妈妈可以握着宝宝的小手，先将小手放入凉水中，让宝宝感受一下水温。然后问宝宝“是凉的还是热的？”宝宝会说“凉”。

再把宝宝的小手放入温水的盆里，再问问宝宝。最后再握住宝宝的小手指，点一下热水盆里的热水，然后迅速拿开，再问问宝宝。

宝宝分别感受到冷、温、热三种水温后，妈妈可引导宝宝说出自己的感受，比如“冷”“烫”等。这个游戏能帮助宝宝了解自然界中的不同现象，感受到冷、热、烫、温等不同的温度概念。

笑脸，生气的脸

游戏目的：培养孩子的认知能力。

游戏方法：

(1)在图画纸上分别画出笑脸与生气的脸。

(2)说一则关于笑脸与生气脸的故事给孩子听。

(3)说到开心处时，让孩子看一下笑脸！说到难过处时，则看一下生气的脸。

(4)即使只有表情，孩子也能了解故事的情境。

>> 全脑开发小贴士

玩具推荐：生活用品玩具如锅碗瓢勺、冰箱、桌椅、床等；汽车、火车、飞机和船；能表示大小、高矮、快慢等意义的图片，形状拼图或各种组合的图片；积木、橡皮泥、串珠等操作性强的玩具；户外游戏的玩具如球类、小三轮车等。色彩鲜艳雅致、构图合理、具有故事情节的图画书。

盲人摸鼻

游戏目的：这是一个感官相互代替的游戏练习，用手代替眼睛去寻找东西，能够锻炼宝宝的触觉和方位感。

游戏方法：用布蒙住宝宝的眼睛，妈妈坐在椅子上，让宝宝站在房子中间向妈妈身边走，找到妈妈的鼻子。宝宝如果找不到妈妈的鼻子，可以问："妈妈在哪里？"妈妈也可以提醒宝宝一声，宝宝会按照声音的方向走到妈妈身边。宝宝伸手去摸，如果摸到妈妈的头发，宝宝知道鼻子在头发的下面，会往下去摸。如果宝宝摸到妈妈的嘴，手就会往上一点。宝宝完成任务后，和妈妈互换位置，宝宝坐在椅子上，让妈妈蒙住眼睛摸。

谁先吃

游戏目的：培养宝宝与父母的感情。

游戏方法：

(1)盛一碗面条，爸爸将面条放入口中，"呼噜呼噜"地一口吸起来。

(2)请爸爸和幼子同时一起"呼噜呼噜"地吸，这时两人会因差点相碰而哈哈大笑。

(3)各自咬着面条的一端慢慢地吃，渐渐地，嘴巴会越来越靠近。

(4)爸爸用筷子把面条夹断。

一样多的积木

游戏目的：促进宝宝认识"一样多"的概念，提高数学智能。

游戏方法：准备一些形状、颜色各异的积木，妈妈和宝宝一起进行分类游戏。可以先把积木按颜色分类，再按形状分类，教宝宝认识各种颜色和形状；然后把相同颜色的积木摆成一排，让宝宝看看各种颜色是否"一样多"。

再把相同形状的积木摆成一排，让宝宝看看各种形状是否“一样多”。

按颜色和形状给积木分类，可以促进宝宝对色彩和形状的辨别能力。

太阳红彤彤

游戏目的：提高宝宝的认知能力。

游戏方法：妈妈找来画有太阳的图片，引导宝宝说出太阳的线条、色彩和形状等。准备一盒水彩笔和一些白纸。妈妈先用水彩笔在白纸上画一个圆，引导宝宝也来画一个圆。

如果宝宝还不会握笔，妈妈可以先握住宝宝的小手在纸上画圆，再让宝宝自己画。让宝宝给太阳涂上鲜艳的颜色。

通过对比画图，宝宝可以感受到线条、色彩和形状的变化，从而提高对图形的认识能力，并能体会美、欣赏美，提高审美水平。

>> 好妈妈大讲堂

2 岁宝宝的益智玩具：

(1)发展感知觉和认知能力的玩具：具有不同颜色、形状、质地、声音的玩具；

(2)促进动作发展的玩具：能推拉的小车、球类、沙包等；

(3)训练手的精细动作的玩具：套环、套筒、积木、串珠等；

(4)促进语言和认知能力的玩具：小动物、交通工具、娃娃、玩具生活用品、图书等；

(5)训练思维和动手能力的玩具：能玩沙、玩水、拼塔、拼接的玩具。

智力测试

1. 让宝宝判断哪边多(1∶3)(2∶3)(3∶4)(3∶3)：

A. 对 1 种(5 分)

B. 对 2 种(7 分)

C. 对 3 种(10 分)

D. 对 4 种(12 分)

计分：10 分为合格。

2. 宝宝能够认识几种颜色：

A. 2 种(2 分)

B. 3 种(3 分)

C. 4 种(4 分)

D. 5 种(5 分)

E. 6 种(6 分)

计分:5 分为合格。

3. 宝宝认识几种图形(圆形、正方形、三角形、长方形、椭圆形及半圆形):

A. 2 种(5 分)

B. 3 种(7 分)

C. 4 种(10 分)

D. 5 种(12 分)

E. 6 种(15 分)

计分:10 分为合格。

4. 宝宝在学写画(月、日、田、口):

A. 1 种(2 分)

B. 2 种(4 分)

C. 3 种(6 分)

D. 4 种(9 分)

计分:4 分为合格。

5. 宝宝能用几块积木搭高塔:

A. 6 块(3 分)

B. 8 块(4 分)

C. 10 块(5 分)

D. 15 块(7 分)

计分:4 分为合格。

6. 宝宝能用几块积木搭金字塔底:

A. 3 块(3 分)

B. 4 块(5 分)

C. 5 块(7 分)

计分:5 分为合格。

7. 宝宝为 6 个大小不同的瓶子配盖子：

A. 对 3 个(4 分)

B. 对 4 个(5 分)

C. 对 5 个(6 分)

D. 对 6 个(7 分)

计分:6 分为合格。

8. 宝宝能够分清“我的、你的、他的、大家的、××的”中：

A. 2 项(6 分)

B. 3 项(8 分)

C. 4 项(10 分)

D. 5 项(12 分)

计分:10 分为合格。

9. 在“谢谢、请您、您早、您好、再见、晚安、对不起、没关系、不客气、您走好”10 个礼貌用语中。宝宝会使用：

A. 2 种(6 分)

B. 4 种(8 分)

C. 6 种(10 分)

D. 8 种(12 分)

E. 10 种(15 分)

计分:10 分为合格。

10. 在听觉能力测试中，宝宝能分辨谁在讲话(爸爸、妈妈、奶奶、爷爷、阿姨、叔叔、生人)：

A. 辨认 3 人(6 分)

B. 辨认 4 人(8 分)

C. 辨认 5 人(10 分)

D. 辨认 6 人(12 分)

计分:10 分为合格。

11. 宝宝洗脸(洗五官)、漱口(漱牙缝、漱咽、吐出)动作：

A. 大人帮洗(0 分)

B. 将水吞下(3 分)

C. 会漱口(4 分)

D. 洗脸漱口全正确(5 分)

E. 会上下刷牙,洗脸漱口(8 分)

计分:5 分为合格。

12. 宝宝在解系扣子过程中。能:

A. 会解不会系(2 分)

B. 解系 2 个(3 分)

C. 解系 3 个(5 分)

D. 解系 4 个,包括会扣(8 分)

计分:5 分为合格。

13. 宝宝在骑三轮车的活动中:

A. 大人推着走(1 分)

B. 大人扶把会骑(3 分)

C. 直走(5 分)

D. 直走,也会转弯(7 分)

E. 熟练,骑得快(9 分)

计分:5 分为合格。

14. 宝宝在钻入比自己矮的洞时。能够:

A. 进不去(0 分)

B. 碰头及身体后进入(4 分)

C. 不碰头爬入(5 分)

D. 不碰头和身体,衣服干净(8 分)

计分:5 分为合格。

15. 宝宝在跳远活动中,能够:

A. 跳过 5 厘米(2 分)

B. 跳过 10 厘米(3 分)

C. 跳过 15 厘米(5 分)

D. 跳过 20 厘米(7 分)

计分:5 分为合格。

测试分析:

第1~3题测试宝宝的认知能力;第4~7题测试宝宝手的技巧;第8~9题测试宝宝的语言能力;第10题测试宝宝与人交流的能力;第11~12题测试宝宝的自理能力;第13~15题测试宝宝的运动能力。统计全部分数,将其相加后,得出以下结论:

120分以上:优秀。

90~120分:正常。

70分以下:暂时落后。

25~30个月宝宝全脑开发

25～30个月宝宝发育特点

2岁半的宝宝，身体已经非常结实了，对疾病的抵抗能力也有了很大程度的提高。宝宝的运动能力已经非常强了，由于这个时期宝宝的运动量较大，因此肌肉也结实有弹性。而且具备良好的平衡能力，并会拍球、抓球和滚球等。

动作能力

此阶段的幼儿运动技巧有了新的发展，他们不但学会了自由地行走，而且跑、跳、攀登楼梯或台阶等动作的运动技巧和难度也有了进一步的提高，能够越过小的障碍物，门槛、楼梯、滑梯他们也能征服，有时他们还能爬到椅子上或沙发上。有的幼儿已经学会骑三轮童车、踢皮球等。

运动技巧的发展在儿童心理发展上具有重要意义，它可以促使幼儿动作更具有灵活性。为空间知觉及初步的思维活动的形成准备条件，同时也促进了幼儿独立性的发展。

语言能力

宝宝能够说出自己的年龄、姓名和父母的姓名；能够说出图画中的人或动物正在做什么；会说“这是我的”，不重复自己的名字；准确分清物品的大小。大多数宝宝知道前后左右方位了，如果妈妈说把右手举起来，大多数宝宝会准确地举起自己的右手，但宝宝还不能辨别出哪只鞋是左脚上的鞋，哪只是右脚上的鞋。

宝宝学习语言也是有关键期的。2～3岁就是宝宝学习口语的关键期。随着生活范围的逐步扩大，孩子好奇心在逐渐增加，样样想尝试，对自己身边的事物的兴趣特别高，学说话最快，是学习词汇的高潮时期。如果宝宝在这个年龄阶段幼儿口语发展时期遇到障碍的话，以后就很难弥补了。

宝宝口语的发展是在与人的交往中通过模仿学来的，所以，发展宝宝口语要注意以下几点：

（1）要注意正确发音，成人要用标准语音和孩子说话，对孩子发音不清楚的要及时加以纠正。可教孩子讲故事、说绕口令、看图说话等，帮助幼儿练习语言。

（2）发展幼儿的口语，还应注意丰富幼儿的生活，让幼儿广泛接触周围的人和事，在和人们的交往说话中发展和丰富词汇。父母可结合各种具体事物教孩子说各种词语，把一些词连成一句话教孩子反复念。在日常生活中父母和孩子谈话时，应启发孩子多用词并准确用词。

社交能力

宝宝在这个阶段并不知道何为礼貌、善意，尤其是对待其他的小朋友，这是因为宝宝天生就是以自己为中心的。那么在这个年纪还应该让宝宝多接触其他的小朋友吗？与其他小朋友在一起玩有好处也有坏处，一方面宝宝和其他小朋友在一起玩的时候会很开心，另一方面，他们在一起却总是冲突不断。和不同的小朋友在一起，他会对其中某一个表现出兴趣，一般都是有共同爱好、脾气相近的小朋友。但是真正的友谊要在1~2年才会慢慢建立。

数学与逻辑能力

宝宝可以从1数到5了，意识到了物体在大小上是有区别的，但是还不能准确地将它们分级。宝宝能够把红色积木放进红碗里，蓝色积木放进蓝碗里，对颜色有了一定的认识，但是还不具备基本的分类能力。

生活自理能力

25~30个月的宝宝知道早上要起床，晚上要睡觉；会画圆圈；能够自己用勺子吃饭；喜欢说出自己的年龄、姓名和父母的名字；能背几句或整首儿歌；能够及时上厕所，并自己穿脱带松紧带的裤子。

25~30个月的宝宝知道如何使用大部分日常用品，认识方形、圆形、三角形等几何图形;分得清前后里外;可以自己脱衣服、鞋袜;可以区分 1 ~ 3 的大小;喜欢回答如何解决冷、饿、渴、困一类的问题。

记忆能力

幼儿记忆与成人记忆一样,是人脑对过去经验的反映,是幼儿积累知识经验的基本手段,是构成幼儿智力的主要因素。若失去记忆,幼儿的一切智力活动都无法进行。

2 岁以后,由于表象与语言的初步发生与发展,幼儿对事物的认识逐渐深入、全面,出现了对事物的形态、大小、空间和时间关系的复杂知觉。同时,幼儿在感知事物时,开始出现了思维水平的概括,对事物能更深入地认识。

>> **好妈妈大讲堂**

宝宝获得的知识、经验基本上都是无意识的记忆结果。这与宝宝活动的有意性发展水平低有直接关系。宝宝的活动往往没有预定的目的任务,记忆的内容主要是那些形象生活、能够满足需要,感兴趣的以及激起幼儿强烈情绪经验的事物。随着年龄的增长,宝宝积累的知识经验也逐步增加,言语对宝宝行为的调节作用也逐步增强,宝宝的有意记忆也随之发展起来。

25~30个月宝宝全脑开发营养方案

2岁多的宝宝牙齿已出齐。开始体验到咀嚼的乐趣,喜欢吃干的食物,不爱喝粥和吃汤面条了。父母要注意不要让宝宝吃得过多。特别是吃肉馅卷和葱油烙饼时要限定数量,大约只及妈妈的一半量就可以了。这种高热量食物摄入过多会让宝宝体重骤增,如不限制会使孩子发胖。如果孩子体重较轻,这种高热量饮食就十分合适,因为它不会让孩子感到过饱,在搭配时加上酸菜汤就会更加开胃。

宝宝饮食的种类和制作方法

注意宝宝饮食营养平衡。一岁半过后,随着其消化功能的不断完善,饮食的种类和制作方法开始逐渐向成人过渡,以粮食、蔬菜、肉类为主的食物开始成为幼儿的主食。

2岁左右的宝宝每天需要热量(4800~7200千焦),相当于需要碳水化合物100~150克,即每顿需要吃1两左右的主食。

按照早餐要吃好,午餐要吃饱,晚餐要吃少的营养原则,把食物合理安排到各餐中去。各餐总热量的比例,早餐占30%,午餐占40%,晚餐占30%。为了满足宝宝上午活动所需的热能和营养,早餐除了主食外,还要加些乳类、蛋类和豆制品、青菜和肉类等食物,午餐的进食量应高于其他各餐。

如何让宝宝远离食品污染

首要的是对宝宝的食物巧加选择，购买米、面、豆类、芹菜、葱、蒜、韭菜、土豆、萝卜、红薯等食品时，选择那些无农药污染、无霉变、硝酸盐含量低且新鲜干净的食物。对于已经买回家的可疑的蔬菜，可以用蔬菜清洗剂或小苏打浸泡后再用清水冲洗干净。根茎类蔬菜和水果，一律要削皮后再烹调或食用。

>> 爱心妈妈温馨提示

肥胖的宝宝可以减少午餐中的小点心，在食谱中减少高热量食物的次数，多安排一些粥、汤面等食物。在包饺子和馅饼时多放菜、少放肉，皮薄馅多以减少脂肪的摄入量。肥胖的宝宝千万勿饮用含糖的饮料，尽量减少含油脂和糖的糕点的摄入，可用低脂、无糖食品代替点心以减少热量。

25～30个月宝宝全脑开发营养食谱

水果拌豆腐

【原料】嫩豆腐20克，草莓1个，橘子3瓣，蜂蜜、精盐各适量。

【制作方法】

(1)将豆腐用水煮后，沥去水分。

(2)把草莓用盐水洗净后研碎，并把橘瓣剥去皮、去核、研碎，再与蜂蜜和精盐混合，加入豆腐中混合均匀，即可喂食。

微波炉肉片

【原料】肉末(猪肉、鸡肉、鱼肉均可)100克，面包渣35克，胡萝卜末20克，鸡蛋1个，精盐少许，番茄汁200克。

【制作方法】

(1)在大碗中，放入所有的原料混合，加入精盐和番茄汁。

(2)倒入大盘中，放入微波炉，用中挡加温25分钟，在炉中放置5分钟，取出晾凉，切成小片食用。

油菜虾米豆腐

【原料】豆腐250克，油菜250克，干虾米25克，植物油15克，湿淀粉15克，小葱1根，麻油5克，精盐适量。

【制作方法】

(1)干虾米用开水泡发，切成末。油菜洗净，切成小块。豆腐切成丁。

(2)炒锅内放植物油，烧热后放葱花炒出香味，加入豆腐丁和虾米末炒片刻，再放入油菜炒熟加入精盐，用湿淀粉勾芡后淋上麻油。

柿饼饭

【原料】柿饼50克，大米250克。

【制作方法】

①柿饼用水冲洗后，切成约0.5厘米见方的颗粒，用清水将大米淘洗干净后，与柿饼粒和匀置饭盆内。

②掺入清水约500毫升，再放入蒸笼内蒸约40分钟，取出即成。

【营养功效】本饭具有健脾、益胃、降逆之功效。对于胃气虚弱或胃虚有热之呃逆、呕吐等症有较好疗效。亦可作为病后体弱及胃神经官能症患者之用膳。

25～30个月宝宝全脑开发训练

宝宝两岁半啦，两年多来宝宝发生了巨大变化，不知不觉中襁褓里的小毛头已经变成一个古灵精怪的小鬼头了。初通人事的宝宝脑子里蕴藏着无数个鬼点子，让你应接不暇。两年多的辛苦操劳现在初见成效，健康活泼的宝宝是你得到的最大回报。

语言能力训练

背诵儿歌

学儿歌是教宝宝学习语言、学习认识事物及道理的好方法。在宝宝2岁以后，不仅能认识一些图画，而且能使用一些语言了，此时教宝宝多背一些健康、活泼的儿歌对宝宝语言的掌握以及认识事物均有好处，每天可以用一些时间来教宝宝背儿歌，反复强化，一首首掌握，真正学会一首以后再学背诵另外一首。

猜谜语

长长一条绳，敌人来了咬一口。（蛇）
一把大胡子，头戴红帽子，帽子上顶白雪球。（圣诞老人）
耳朵有点大，鼻子有点长，肚子胖胖的，爱吃好东西。（猪）
我有一朵花，一到下雨天，花儿就盛开。（雨伞）
外面有壳，中间有白，里面一个黄宝宝。（蛋）
大耳朵，长鼻子，尾巴是根小绳子，走起路来噔噔噔。（象）

体会不同情绪

在纸板上画不同的面孔，每张面孔都代表一种表情，如高兴、悲伤、生气等。妈妈讲一个表达情绪的故事给宝宝听，然后拿出相应的“面孔”给宝宝看。当妈妈举起这些“面孔”的时候，也同时模仿那些表情，如举起一张表达高兴情绪的“面孔”时，妈妈可以开心地说：“我真高兴！”然后让宝宝也做出这种表情，并学着重复妈妈所说的词。把所有的表情都模仿一遍，让宝宝也跟着学并跟着妈妈说。

2 岁多的宝宝已经开始表现出一些比较复杂的情感，也能用诸如高兴、悲伤、生气等词来表达自己或他人的情感。游戏正是对这些较复杂情感的深化，同时还能提高宝宝的表达能力与会话能力。

>> 好妈妈大讲堂

教宝宝学说完整句，包括主语、谓语、宾语的句子。如“妈妈上班去了”“我要上街”“我要上公园”，并教孩子使用些简单的形容词。如“我要红色的球”“我要穿红色衣服”“我要圆饼干”等，这些形容词一定要简单、形象，是孩子生活中最常见的。

动作能力训练

爬“大树”

爸爸妈妈带宝宝去动物园看猴子，并和宝宝说一说猴子的样子与喜好。爸爸对宝宝说：“你来做猴子，爸爸做大树，我们玩一个猴子爬树的游戏吧！”爸爸要先选择一处较大的空间，然后伸出一只手臂做树枝，让宝宝双手抓住，身体悬挂在“树枝”上，爸爸轻轻摇晃手臂，让宝宝在手臂上荡秋千，爸爸伸出另一只手臂，鼓励宝宝慢慢地爬过去。

游戏不仅提高了宝宝肢体的灵敏度与协调性，而且还能增进亲子关系，对宝宝性格的形成有积极作用。

店小二

准备好娃娃、毛毛熊等几个玩具和几个小筐子，还要准备一个大筐子，里面放入几个小皮球、沙袋、积木等。

在室内画两条具有一定距离的平行线，把画好的两条平行线当一条“小路”，在“小路”的一端摆放几个玩具，每个玩具前放一个小筐子，“小路”另一端，是妈妈和装满玩具的大筐。妈妈从大筐子里拿出两个玩具对宝宝说：“我做好了甜饼，请你给娃娃送去吧。”妈妈让宝宝两手侧平举，掌心向上，两手各托一个玩具，沿着“小路”走到对面，把“甜饼”放到指定的小筐内，再沿“小路”走回来。

这个游戏能锻炼宝宝身体的平衡能力和协调能力，而且还能练习宝宝与人合作、交往的能力。

>> **全脑开发小贴士**

随着大动作的发展，宝宝已经可以穿脱简单的开领衣服，能单脚站立很长时间，并且可以平稳地走马路牙，但他（她）还是依赖性地拉着你的手走。宝宝的精细动作也更加细致，在妈妈的鼓励下，现在他（她）可以画“十”字和正方形，可以解开衣服上的按扣，还会开合末端封闭的拉锁。

模仿小动物

妈妈做示范动作，让宝宝学小兔跳：两手放在头两侧，模仿兔子耳朵，双脚合并向前跳。也可以学大象走：身体向前倾，两臂下垂，两手五指相扣，两手左右摇摆模仿大象的鼻子，向前行进。学小鸟飞：双臂侧平举，上下摆动，原地小步跑。学马儿跑：双臂前屈，手握拳原地跑。

游戏能让宝宝的身体运动技能得到充分的锻炼，而且能培养宝宝愉快的情绪。

认知能力训练

学数数

幼儿对物品大小、数量的认识是在对实物的比较中形成的。准备各类大小质地不同的小物品，如积木块、纽扣、瓶盖、塑料球等，尽量让孩子用眼看，动手摸，张口讲，通过多种感官参与活动，比较认识物品的大小和数量。还可配合教点数，如口读数1,手指拨动一个物品;读2,用手指再拨动一个物品;读3,再拨动一个物品,教点数1~3。学拿实物如“给我一个苹果”“给我拿两个苹果”等。

学习认识性别

结合家庭成员教孩子认识性别,如“妈妈是女的,姥姥也是女的,你是男的,爸爸也是男的”,逐渐让小孩能回答“我是男孩。”也可以用故事书里图中的人物问“谁是哥哥?”“谁是姐姐?”以认识性别。

感知冷热

可让孩子感知水的湿度、一年四季的变化等多方面的因素来认识冷和热。这样比单方面认知冷热印象要深得多。可与孩子做冷和热的对答游戏,比如父母说冬天冷,孩子说夏天热,还有雪糕凉、开水热等。通过让孩子认知冷和热,可教育孩子掌握冷和热的安全知识,冷天不脱衣服、帽子可防感冒,不要用舌头去舔冷冻箱上的冰霜,不要用手去碰炉子、热开水等。

>> 全脑开发小贴士

2~3岁宝宝的认知能力进一步增强,知道妈妈、爸爸及家庭中的一些人是从事什么工作的,比如,知道妈妈是医生,爸爸是经理,小姨是老师等。宝宝对日常生活中常常碰到的一些事和物,有了一定的辨别力,而且懂得一些物品的用途、作用。虽然这些认知还比较浅显,但宝宝毕竟迈出了生活的第一步。

生活自理能力训练

用筷子

给宝宝一双小巧的筷子作为玩具餐具,同宝宝一起玩“过家家”,让宝宝练习用手握筷子。让宝宝用拇、食、中指操纵第一根筷子,用无名指、小拇指固定第二根筷子。练习用筷子夹起碗中的枣和纸包的糖果。一旦宝宝能将东西夹住就要给以表扬,奖励糖果一块。以后在用餐时为宝宝准备筷子,使他同爸爸、妈妈一样。都用筷子吃饭,只要能将食物送到嘴里就应得到赞扬。这样可锻炼手的技巧。

认左右

爸爸教宝宝踢球时，告诉他："这是用左脚踢的。""这是用右脚踢的。"宝宝熟练后，爸爸反问宝宝："刚才那球是用哪只脚踢的？"

还可以通过游戏告诉宝宝，右边有一只眼睛，左边也有一只眼睛。右边有一只耳朵，左边也有一只耳朵。以此类推，胳膊和手，腿和脚都是有左右之分的。

宝宝现在已经能认识自己的手、脚、鼻子、耳朵等身体器官了，但对左右还不能分辨得很清楚。父母可以通过游戏帮助宝宝分辨左右，从而让宝宝的空间方位能力有所提高。

社交能力训练

学会安静

家长和孩子都做好准备，关上门，关上一切音响设备，安安静静地坐好，闭上眼睛。这能让杂乱情绪消失，还可让孩子感受到从前未感受到的细微声音，如远方车辆声、风声、滴水声，几分钟后用耳语或手势表示结束，然后站起来，轻轻离开屋子，开始进行户外欢腾的活动。幼儿经过几分钟的安静训练后，懂得保持安静才能更集中注意力，才听得到以前听不到的细微声音，并学习保持安静的方法。开始训练 3 分钟，以后渐延至 5 分钟，每周 1 ~ 2 次。

>> 好妈妈大讲堂

带孩子到室外散步时，鼓励他与其他小朋友交往，互换玩具，一起背儿歌。选择小朋友团结友爱的故事讲给他听，让他和其他小朋友玩耍时做个好孩子，不打人、不咬人、不哭闹。

受过安静训练的孩子会自觉安静,减少活动和发声,学会约束自己。同时也培养专注力,对以后学习有好处。保持安静也是教育孩子文明礼貌的行为。让孩子学会该活动时尽情活跃,该安静时能保持安静。

学说礼貌用语

大人与人交往中说“您好”,要让幼儿学习在家中对长辈说“您好”,接受帮助时说“谢谢”,早晚要说“早上好”“晚安”,分别时要说“再见”。孩子在接受礼物时要听从家长命令并说“谢谢”,做了错事要向对方说“对不起”。

找个好朋友

在户外,让宝宝和几个年龄相当的小朋友蹲着围成一圈,由一个小朋友来找。找时父母可以引导宝宝唱:“找呀找呀找朋友,找到一个好朋友,敬个礼,握握手,你是我的好朋友,再见!”爸爸妈妈也可以加入进来,与小朋友一起游戏。找到一个好朋友后,做敬礼、握手、再见的动作,然后换另一个小朋友找。

让小朋友站成一排,爸爸边唱边指点小朋友的头:“一个,两个,三个小朋友;四个,五个,六个小朋友;七个,八个,九个小朋友;十个小朋友。”爸爸唱到最后一句时,抱起被指的小朋友转一个圈。

这个游戏可以让宝宝朦胧地体会到集体活动的乐趣,而且能增进亲子关系,培养宝宝愉快的情绪。

>> 专家建议

社交能力差怎么办?

(1)给孩子创造社交环境。多带他到公共的游乐场玩,接触不同年龄的小朋友。或定期约小朋友到自己家来玩,这样可让交往成为习惯和需求,高智商的孩子才不会孤芳自赏。

(2)培养自理能力。家长根据宝宝的年龄,尽量能自己做的让他自己做,比如吃饭、穿衣、穿鞋等,这些活动可培养宝宝的协调能力。

掌握常识

感知日用品的材料

教孩子认识日用品的材料时,可找来家里常用的物品,让他亲手摸摸,用东西敲一敲,让他感受一下。

(1)纸制品。书、报、本子、纸巾、纸盒等都是用纸做成的。纸比较轻,能吸水,容易燃烧。纸容易皱,可以被撕碎,在看书时要小心,要爱护书籍,不要浪费纸张,不要用纸接近火。

(2)玻璃制品。玻璃杯、玻璃花瓶、玻璃窗都是玻璃做成的,玻璃光滑、透明、易碎。使用玻璃用品要小心,破碎的玻璃不要去碰。

(3)木制品。积木、家具、门窗等是木材制成的。木制品是用大树做的。一棵小树长成大树很不容易,因此要爱护桌椅和玩具。

(4)塑料制品。很多玩具、厨房用品是塑料制成的。塑料制品颜色鲜艳,不怕摔,但不透气。不要把塑料袋套在头上,不要钻到塑料大箱子里去玩。

闻气味

带宝宝到户外,有意识地让宝宝体验不同的空气。

在花草树木繁茂的公园,让宝宝深呼吸,鼓励宝宝说说公园的空气是什么味道。

在雨天过后,妈妈可以带宝宝出去呼吸一下清新的泥土气味。在冬天的第一场雪后,带宝宝出去呼吸一下空气,并问宝宝是什么味道。

在车辆拥挤的大街上,让宝宝说说这里的空气是什么气味,并告诉宝宝:“污浊的空气对人的身体有害,所以要保护森林和绿草。”

通过对新鲜空气和不好闻的空气的比较,使宝宝认识到污浊的空气对人是不好的,从而树立起保护环境的朦胧意识。

感受季节变化

带孩子到户外,观察季节和大自然的变化。

春季:天气转暖,树儿长出新叶子,小草钻出地面,花儿绽放,人们脱下厚厚的冬装。家长可带孩子去公园或郊外踏青。

夏季:天气很热,树上长满绿叶,地上一片绿油油的青草,知了拼命叫,荷花开了,人们穿短袖单衣。家长可以带孩子去游泳。

秋季:天气转凉,树叶变黄变红,开始从树上飘落,人们穿上夹衣和毛衣。家长可带孩子去秋游。

冬季:天气冷,北风寒,树儿光秃秃,草儿变枯黄,水结冰,有时下雪。人们穿上大衣和厚厚的羽绒服。家长可以带孩子滑冰、玩雪。

数学与逻辑能力开发

用杯子量米

妈妈准备几个大小不同的杯子,然后用最小的一个杯子作为量具,看哪个杯子装的米最多。用大碗装一些米放在宝宝面前,用一根筷子将每次用小杯子舀出来的米在杯口刮平,使每杯米都大致相同,然后将量出来的米倒入大的杯子里,看最大的杯子能装几小杯子米。再用同样的方法将米倒入次大的杯子中,看次大的杯子能装几小杯子米。以此类推,这样宝宝就知道大号杯子能装几杯米了。

这个游戏能让宝宝将数和量结合起来,从而丰富宝宝的数学知识。

美丽指环

准备糨糊、纸条、彩笔等，妈妈和宝宝一起做指环。妈妈引导宝宝在纸条上画画，再将纸条粘成一个圈做成指环。

让宝宝按每一个手指套一个指环的规则，将指环套在手上，可以让宝宝多做几个指环。妈妈引导宝宝对应比较一下手指和指环是否一样多，并说出哪个多，哪个少。然后由妈妈报数，宝宝套指环，再比较多少。

游戏能帮助宝宝练习排序能力，通过对比比较多少，可以提高宝宝数学智能。

图片分类

准备一些动物、水果、蔬菜的图片，如小兔、猴子、南瓜、白菜、苹果、香蕉等。

再用三个纸盒分别标出动物、蔬菜和水果。妈妈给宝宝看以上图片，让宝宝一一说出它们的名称。

宝宝说名称的时候，妈妈要引导宝宝说出它们的类别。比如，宝宝说："这是苹果。"然后妈妈问宝宝："是动物还是植物呢？"并鼓励宝宝说出正确答案。妈妈引导宝宝把图片中的水果放在一起，动物放在一起，蔬菜放在一起。

妈妈把所有图片放在一起，然后随意抽出一张，让宝宝说出该图片所属的类别。妈妈要逐步引导宝宝找到游戏的规律，再按照规律来进行游戏。

> **>> 好妈妈大讲堂**
>
> 妈妈可以把挂历上的数字单个剪下来，或用数字卡，让宝宝一面按顺序慢慢背数，一面逐个把数字摆成一列。摆错了要反复取下错的，补上对的，反复摆。大人可计时计分，开始可能要十几分钟，后来慢慢变成几分钟。

归类技能的发展是宝宝思维能力的基础，通过游戏，可以提高宝宝将事物进行分类的意识，促进智力的发展。

记忆能力开发

认识绿色

带宝宝到菜场一起买菜，告诉宝宝哪些蔬菜是绿色的。回家之后，妈妈可以让宝宝从篮子里拿出蔬菜，在宝宝拿出蔬菜的同时，妈妈告诉宝宝蔬菜的形状和颜色。

比如“黄瓜是绿色的”“胡萝卜是橘红色的”“韭菜是绿色的”“油菜也是绿色的”等。把蔬菜都拿出来之后，再让宝宝把绿色的蔬菜挑出来。

妈妈也可以带宝宝到卖水果的地方，让宝宝找找有没有绿色的水果。比如绿色的苹果等。在家里，妈妈也可以让宝宝找一找绿色的东西，比如绿色的玩具、杯子、衣服等。

宝宝已经能初步认识绿色了，父母可以通过日常生活帮助宝宝建立绿色的概念，认识更多的绿色，为以后区分蓝色做好准备。

红帽、白帽

妈妈两手各拿一顶红帽、白帽，先让宝宝看清楚两顶帽子的颜色，然后让宝宝闭上眼睛，让宝宝戴上一顶帽子，妈妈自己也戴上一顶帽子。让宝宝睁开眼睛看一看妈妈头上戴着的帽子的颜色。让宝宝想一想：自己戴的帽子是什么颜色的？

>> **全脑开发小贴士**

父母找一个孩子喜欢的故事(7~9分钟能讲完)，父母和孩子坐在一起，注视着对方，让孩子集中注意力听你讲故事。听完后要表扬孩子认真听讲，中途孩子将要走神时，用提问或语气引导他集中注意力。

找照片

在大纸盒内放入宝宝及家庭各成员的照片数张。游戏时，对宝宝说：“这个纸盒中有许多照片，请你找一张自己的照片出来。”宝宝若找对了，要及时鼓掌表示赞扬，以鼓励他对此游戏的积极性。若是找错了，可先取包括宝宝在内的2~3张照片，让他在少量的照片中选择。以后再逐步增加数量，扩大选择范围。当宝宝学会了选择照片后，再教他学说自己的名字：“我叫……”并教他从照片中找出爸爸、妈妈、祖父母或外公外婆的照片，同时学会称呼他们。教宝宝感知自己和家庭成员的特征，以及自己和他们之间的关系。通过理解语言，知道自己的名字和家庭成员的称呼，并学会说。

思维智能开发

认识几何图形

给宝宝准备正方形、长方形、梯形等几何图形，和宝宝一起来认。也可以利用各种生活用品来帮助宝宝认识图形，比如宝宝每天都会吃鸡蛋，在吃的时候妈妈就可以告诉宝宝鸡蛋是椭圆形的；宝宝在看书时，妈妈可以告诉宝宝书本是长方形的。妈妈也可以给宝宝准备一些橡皮泥，用橡皮泥能捏出很多种不同的图形，而且还能将长方形变成正方形，将圆形变成椭圆形等。

宝宝的学习常常在游戏时完成，所以可以让宝宝参与到游戏中认识图形，比如将橡皮泥从圆形捏成椭圆形。宝宝喜欢做这些事，反复做之后也能认识到图形的互相变化。

拼图游戏

把一些厚纸板图卡依照图形剪好，然后再将图的主要部位用剪刀裁开，使图形残缺一部分，接着让宝宝想办法把图拼好。

开始的时候，只裁一刀，可以采取多种裁法，既可以裁成长方形，也可以裁成三角形，接着让宝宝重新拼好图形，或者让宝宝利用所裁好的图形拼成一些其他的图形，比如梯形或者房子形状。

等宝宝把简单的图形玩熟练了就可以把图板裁成更多块数。让宝宝利用那些不同的图形进行组合，在组合中思考，让宝宝开动自己的大脑充分地进行创造性的思考。

一般市场上所售的积木都是可以作为拼图来用的，大人可以让宝宝利用积木做拼图，但要注意此时的宝宝还不能做太复杂的拼图游戏，像市面上的硬纸拼图由

300~500小块组成,比较复杂,并不适合本时期的宝宝。

练习画画

可以引导宝宝最先学会画点,能在一定范围内点到一个准确的目标,比如给动物点眼睛。

宝宝学会画点后,再引导宝宝随意画线。可以先让宝宝画直线,再画曲线,然后引导宝宝画圆。如果宝宝不能画圆,也不要勉强宝宝,可以握着宝宝的手教宝宝慢慢画。宝宝熟练后,就能慢慢画出来了。

此时的宝宝还属于随意涂画阶段,自己想画什么就画什么,但画得更多的都是曲线、直线等,父母对此可以适当引导,让宝宝画的东西逐渐呈现出图形。

>> 专家建议

对2~3岁的孩子进行逆向思维训练,主要在于帮助幼儿从小学会从正反两个方面思考问题,判断事物。发展逆向思维能力,有利于幼儿今后的学习和工作,并提高对生活的适应能力。尤其对于孩子今后学习数学有特别意义,现实生活中可以运用逆向思维解决的问题是很多的。

创造性思维开发

橡皮泥魔术师

准备几块色彩鲜艳的橡皮泥,一本图画书。打开图画书,从中找几种简单的图形,如鸡蛋,然后妈妈做示范,用橡皮泥捏出彩色的"鸡蛋",引起宝宝的兴趣。给宝宝一些橡皮泥,引导宝宝也捏一个"鸡蛋"。再从书中找出几种小动物,让宝宝说是什么动物,然后引导宝宝来学习捏这几种小动物。

宝宝对变化的橡皮泥充满好奇,同时鲜艳的颜色也会让宝宝对颜色有进一步的认识,宝宝一定会跃跃欲试。这个游戏可以鼓励宝宝自己动手制作东西,对提高宝宝的创新能力和形象思维很有意义。

箱子屋

准备一个最大的纸箱子,把它作为宝宝的小屋,让宝宝自己用色纸和装饰品来

装饰小屋子。妈妈可以引导宝宝用布做成箱子的门，在里面挂上玩具等。

在箱子做成的小屋子里，让宝宝随意摆放自己喜欢的东西。宝宝在箱子做成的小屋子里玩时，不要妨碍宝宝，让宝宝有自己独处的时间。妈妈可以引导宝宝在箱子做成的小屋子周围，摆放一些用彩纸做成的花作为花坛。

通过宝宝自己动手设计自己的小屋子，不仅能提高宝宝的动手能力，还能提高宝宝的创造性以及审美能力。

>> 全脑开发小贴士

受思维发展特点的影响，宝宝的想象更多依赖于感知形象，特别是视觉形象。在游戏中，如果没有可玩或可操作的材料，是很难开展想象的。动作可以帮助宝宝去感知眼前的事物，从而出现新的形象。父母的语言提示也能在一定程度上促进宝宝想象的发生，如提问或提示，能唤起宝宝大脑中的有关形象，从而促进想象的产生。

25～30个月宝宝全脑开发游戏

两岁半的幼儿已开始有个性了，能表达自己的喜爱和厌恶。如果有了玩具娃娃，尤其是女孩子就可以像妈妈那样，为娃娃洗脸、穿衣、喂饭，赞扬或责备娃娃了。这个阶段内父母一定要选择适合幼儿的游戏。

拧瓶盖

游戏目的：锻炼宝宝手的精细动作，教宝宝认识大、中、小及其容量。

游戏方法：找出不同大小的三个瓶子，先让宝宝学习拧开螺口瓶盖，然后按不同大小将瓶子配上盖，拧好。让宝宝自己玩一会儿，待他能准确无误地为三个瓶口配盖并拧上盖子之后，再做第三套游戏。

衣服分类

游戏目的：丰富宝宝的数学智能。

游戏方法：妈妈把洗净晾干的衣服堆放在床上或干净的地板上，然后告诉宝宝，把这些衣服分类放好，妈妈的衣服放在一起，爸爸的衣服放在一起，宝宝的衣服放在一起。如果宝宝在分类整理的过程中遇到了困难，妈妈可以提醒宝宝说："想想看，这件衣服是谁的？"分类后，只留下爸爸的衣服，如衬衫、裤子、袜子等，对宝宝说："这是爸爸明天上班要穿的衣服，他该怎么穿呢？"妈妈引导宝宝正确地为爸爸的衣服排序，衬衫、裤子、袜子等，依次摆好。妈妈还可以让宝宝为自己“设计”一套外出的装扮。

通过日常生活锻炼宝宝的排序能力，能帮助宝宝掌握各种事物之间的排列规律，丰富数学智能。

图形变形

游戏目的：丰富宝宝的绘画内容，提高宝宝自己动手的创新能力和思考能力。

游戏方法：妈妈先在纸上画出各种各样的图形。如三角形、圆形、椭圆形、长方形、正方形等，然后引导宝宝在画好的图形上添画。

妈妈可以先做示范：把圆形添画成太阳、橘子、樱桃、茄子、番茄、向日葵等。

让宝宝把三角形添画成支架、彩旗、头巾等，把椭圆形添画成橄榄球、鸡蛋、镜子等，把长方形添画成柜子、桌子、毛巾等，把正方形添画成皮箱、凳子、手帕等。

>> 专家建议

有些专家相信男孩和女孩间的某些差异是无法去除的。有些则认为虽然存有差异，父母亲还是可以用一些办法来消除那些差异。比如，可以提供给宝宝多种不同的玩具。在玩具方面，让宝宝有不同的选择，既可让女孩玩卡车和汽车，也可让男孩玩娃娃或毛绒玩具。

过河

游戏目的：训练宝宝的动作能力。

游戏方法：在活动范围内画两条10～15厘米宽的平行线。父母边教宝宝分别把两根手指放在头顶上两侧，边说：“我学小兔跳一跳”，然后双脚轻轻向前跳，跳到平行线前，父母说：“遇到小河跳过去”，教宝宝双脚用力跳过“小河”。“离家太远了，咱们该回去了”，再带宝宝跳回原处。

鸡与蛋

游戏目的：让宝宝认识自然规律。

游戏方法：妈妈在纸上画好一只卧着的母鸡，旁边留出空白，引导宝宝画鸡蛋。

妈妈可以说:"小动物们都在草地上玩耍,鸡妈妈却一个人蹲在窝里。它在干什么呢?看,原来它在生蛋呢!宝宝,给鸡妈妈身子下面画几个鸡蛋,再涂上颜色吧!"

通过画鸡蛋,可以让幼儿明白母鸡生蛋的自然规律。妈妈可以给幼儿讲解一下公鸡和母鸡有什么不同。

>> 好妈妈大讲堂

25~30个月宝宝游戏选择

(1)玩一些积木类的玩具,可以任由宝宝们自由发挥,发散思维,宝宝刚刚接触外界还没有形成一定的定性思维,对于一些堆搭的积木有着自己独特的思维方式,是我们难以想象的。

(2)玩一些拼板之类的玩具,如:数字认知板和字母认知板,动物认知板,水果认知板等,利用这些拼板可以让宝宝早一些进行启蒙,认识一些简单的数字和生活用品等。

(3)乐器类的东西也可以跟小孩子玩,可以培养他对音乐的兴趣爱好等。

小兔乖乖

游戏目的:丰富宝宝的生活常识、语言知识,锻炼宝宝的跳跃能力,强化宝宝的运动智能。

游戏方法:准备好小篮子、蘑菇、萝卜、白菜等玩具或图片。妈妈把蘑菇、萝卜、白菜等图片分散地放在距宝宝约两米左右远的地方。宝宝扮演小白兔,妈妈扮演兔妈妈,一蹦一蹦地对宝宝说:"兔宝宝,跟妈妈一起去找吃的吧!"当宝宝蹦到白菜玩具前面的时候,妈妈问:"宝宝,我们找到什么好吃的了?"宝宝回答:"白菜。"妈妈让宝宝拣起白菜玩具,放到篮子里。再引导宝宝继续往其他玩具处蹦跳,再次问宝宝的时候,要注意引导让宝宝把句子说完整。

寻找汉字

游戏目的:增强宝宝的识字能力。

游戏方法:选择一个宝宝喜欢的汉字,让宝宝在食品包装上、报纸上的广告内容中、图画上的文字中、他最喜欢的故事内容中寻找这个汉字。这个游戏可以增强宝宝的识字能力,同时可以锻炼他的配对技能。

>> 专家建议

给宝宝一组同类物品的卡片，这些物品要在他认知的范围内，比如衣物、水果、家具等。一组五六张、七八张不等，根据宝宝的能力而定。让宝宝说一说它们分别是什么。比如，衣服、裤子、裙子等。然后让宝宝背过身，你再混进一张同类卡片，看宝宝能否指出多了什么。用归类材料训练记忆，不但强化记忆能力，还能让宝宝形成归类的思维方式。

智力测试

1. 能够自由地注意观察感兴趣的事物，比如小狗摇尾巴、小猫洗脸等：

A. 没试过(0 分)

B. 不是(5 分)

C. 是(10 分)

计分:5 分为合格。

2. 喜欢到户外玩，经常会拉着妈妈或其他看护者的手往户外走，对各种动物以及大自然的美丽景物表现出一定的兴趣：

A. 不怎么关注(5 分)

B. 是(10 分)

计分:5 分为合格。

3. 认识身体部位：

A. 2 处(4 分)

B. 3 处(6 分)

C. 4 处(7 分)

D. 5 处(8 分)

E. 6 处(10 分)

计分:7 分为合格。

4. 蜡笔画：

A. 不会握笔(0 分)

B. 空中乱画(3 分)

C. 扎上小点(5 分)

D. 乱涂纸上有痕(10 分)

计分:5 分为合格。

5. 模仿拿着细线使蜡丸摇晃:

A. 摇不动(0 分)

B. 前后晃荡(8 分)

C. 摇成圆圈(10 分)

计分:8 分为合格。

6. 配大小瓶盖:

A. 未配上(0 分)

B. 配 1 个放歪(3 分)

C. 正确配上 1 个(5 分)

D. 正确配上大小瓶盖(10 分)

计分:5 分为合格。

7. 穿裤子:

A. 不肯穿裤子(0 分)

B. 大人握腿放入裤内(5 分)

C. 自己伸腿入裤管内(10 分)

计分:5 分为合格。

8. 戴帽:

A. 不会(0 分)

B. 放不稳掉下(5 分)

C. 放稳(8 分)

D. 放头顶上拉正(10 分)

计分:8 分为合格。

9. 模仿动物叫:猫、狗、羊、鸭、鸡、牛、虎:

A. 2 个(1 分)

B. 3 个(2 分)

C. 4 个(5 分)

D. 5 个(8 分)

E. 6 个(10 分)

计分:5 分为合格。

10. 听儿歌时:

A. 不会唱(2 分)

B. 咿呀歌唱(8 分)

C. 能模仿音调"唱歌",歌声比以前复杂连贯(10 分)

计分:8 分为合格。

11. 对自己喜欢的乐曲:

A. 没反应(0 分)

B. 没有喜欢不喜欢之分(5 分)

C. 表现异常兴奋(10 分)

计分:5 分为合格。

测试分析:第 1 ~3 题测试宝宝的认知能力;第 4 ~6 题测试宝宝的动手能力;第 7 ~8 题测试宝宝的自理能力;第 9 ~11 题测试宝宝语言能力。统计全部分数,将其相加后,得出以下结论:

100 分以上:优秀。

70 ~100 分:正常。

70 分以下:暂时落后。

31~36个月宝宝全脑开发

31~36个月宝宝发育特点

3岁的幼儿自主性很强,能随意控制身体的平衡和跳跃动作。3岁的幼儿会主动接近其他人,并可以进行一般的语言对话。而且幼儿已经学会复述经历,会用较复杂的语言来表达。这个时期是幼儿再造想象能力和创造性思维开始发生发展的时期,是幼儿正式开始认识到自己的意识,并开始尝试实现自己目标的时期。

体格发育

3岁的时候,幼儿脑的重量为1000克,整个幼儿期脑容量只增长100克。脑内的神经纤维迅速发展,在脑的各部分之间形成了复杂联系。神经纤维的髓鞘化继续进行,尤其运动神经锥体束纤维的髓鞘化过程进行更显著。为幼儿动作发展和心理发展提供了生理前提。

神经系统的抑制过程明显发展,兴奋过程仍占优势,因此,幼儿仍容易兴奋。

幼儿期大脑皮质活动特别重要的特征,就是人类特有的第二信号系统开始发育,为儿童高级神经活动带来了新的特点。儿童借助于语言刺激,可以形成复杂的条件联系,这是儿童心理复杂化的生理基础。

智能发育

2岁零9个月:喜欢利用自己的相册讲述自己的故事;按颜色、大小、形状将扣子分类;帮助家长收拾衣物;学习用乐器或代用品敲击节拍;学用反义词配对;会洗手帕之类的小东西。

2岁零10个月:喜欢玩“包剪锤”的游戏;懂得礼貌做客;能以吃、穿、用、玩分清物品属性;会将物品一分为二;点数到5,复述4位数;认识主食、副食各10种;会收拾和洗净茶具。

2岁零11个月：喜欢参加拉大圈和有音乐节奏的活动；去新的地方回来后能作简要叙述；认识冬天和夏天穿的服装和主要食品；能说出父母工作单位及居住地区的胡同；会扫地，并将垃圾收入簸箕内。

3岁：喜欢学猜符合两种情况下的简单谜语，并自编这种谜语；背述电视中小段故事和成段的广告；找出图中缺少的1～2部分；会当家务小帮手：剥蒜，剥花生、毛豆，递工具等；复述5位数，点数到8～12；能在中国地图上找到自己住的城市，在本市地图中找到自己家的大概位置。

>> **全脑开发小贴士**

3岁的幼儿能从1数到10，并根据给出的物体来数数。对序数词有了一定的认识，开始尝试按照数量的多少或者大小进行排序，但有时候会排错。开始懂得初步分类，如知道猫是动物，桌子是家具。

动作能力

3岁的幼儿，自主性很强，能随意控制身体的平衡和跳跃动作。可掌握有目的地用笔、用剪刀、用筷子、用杯子喝水、折纸等手工的精细技巧。学会单脚跳，会拍球、踢球、越障碍、走S线等。

语言和适应性行为发育

3岁幼儿，主动接近别人，并能进行一般语言交流。学会复述经历，学会用较复杂用语表达。好奇心强，喜欢提问。生活自理能力增强，会自己穿脱衣服及鞋袜。此阶段，个性表现已很突出，喜爱音乐的爱听录音机里的歌曲，对画感兴趣的喜欢各种颜色。对文学感兴趣的，喜欢听故事，朗读也带表情，语言流畅，能表达自己的意思，会讲故事、背诗词等，会编简单谜语。

心理发育

幼儿期儿童的心理发育是在新的生活条件和各种活动中向前发展。3 岁儿童独立行走后便能自由行动，对幼儿期儿童的独立性、社会性和认识能力的发展均有积极作用。

自我意识开始发展。自我意识就是人对自己和自己心理的认识。人由于自我意识的发展，才能进行自我观察、自我分析、自我体验、自我控制以及自我教育。

自我意识是人的意识的一种表现。人的意识形成是和参与社会生活及言语发展直接联系。幼儿能够自由活动，可广泛参加社会生活，同时又为掌握语言、为意识发展创造了条件。自我意识发展，使儿童作为独立活动的主体参加实践活动。自己提出活动目的，并积极地克服一些障碍去取得吸引他的东西，或做他想做的事，这种积极行动和取得成功，能激起他愉快的情感和自己行动的自信心，从而又促进了儿童独立性的发展。此阶段儿童，喜欢自己做事，自己行动，常说“我自己来”“我自己吃”“我偏不”，成人应尊重儿童独立性的愿望和信心，同时要给予帮助。

>> 好妈妈大讲堂

幼儿自我意识发展，当他开始出现的“自尊心”受到戏弄、嘲笑、不公正待遇或在别的儿童面前受到责骂等时，可引起愤怒、哭吵或反抗行为。自我意识的发展具有复杂的内容，经历很长的过程，在幼儿期只是开始发展。

31~36个月宝宝全脑开发营养方案

这个阶段的宝宝每天所需的营养比以前略有增加，总热量可以达到5645千焦左右。普遍已经能够独立进餐，但会有边吃边玩的现象，父母要有耐心让宝宝慢慢用餐，以保证孩子真正吃饱，避免出现可能的进食不当导致的营养不良。

粗粮也应正式进入宝宝的餐谱

满足宝宝的营养需求。由于宝宝的消化吸收能力发育已相当完善，乳牙也基本长齐，此时，粗粮也应正式进入宝宝的餐谱，因粗粮中含有丰富的营养物质，如B族维生素，膳食纤维，不同种类的氨基酸，铁、钙、镁、磷等矿物元素，能满足宝宝的营养需求。

抵抗铅对宝宝身体的威胁。宝宝生活中易受到铅中毒的威胁，如汽车尾气、报纸、油漆、水源、灰尘等。而膳食中如果营养不均衡，缺乏铁、锌、维生素C、蛋白质等，都会造成铅吸收的增加，减少铅从体内的排出。因此合理均衡的膳食，如摄入足够的铁、锌、维生素C、蛋白质等，保持良好的营养状况，都能抵抗铅对机体的威胁。

>> 爱心妈妈温馨提示

尽量少食用半成品和市场上出售的熟食，如香肠、火腿、罐头食品等，以免其中的食品添加剂、防腐剂不利于宝宝的生长发育。宝宝还不宜食用煎炸、熏烤、油腻、冷硬之物，更不宜食用生葱、生姜、生蒜和胡椒、辣椒等辛辣刺激性食物。味精、糖精、食用色素等亦不宜多用。

31～36个月宝宝全脑开发营养食谱

葱油虾仁面

【原料】细面条200克，水发虾仁15克，葱丁40克。

【制作方法】

(1)将炒锅置火上，放油烧热，下入葱丁爆锅，出香味时加入切碎的虾仁炒一下，放入酱油、白糖、料酒，各炒几下盛入碗内。

(2)将面条煮好后，分捞盛在有酱油、味精的碗内，再将葱油味汁冲入，拌匀即可。

荠菜馄饨

【原料】馄饨皮250克，肉末125克，荠菜300克，海米末(或虾皮)，香菜末、紫菜各适量。

【制作方法】

(1)将荠菜洗净，放沸水锅内烫一下，捞入凉水内过凉，挤干水分切碎。肉末放入碗内，加精盐、味精、白糖、料酒、香油及清水25克，搅拌上劲后，加入荠菜调和成馅。

(2)将馄饨皮放在左手掌上，挑入馅心，包成馄饨。

(3)将海米末(或虾皮)、香菜末、紫菜、酱油、味精放入碗内，再将馄饨放入沸水锅内煮熟，捞入碗内，浇入原汤，调匀。

肉卷

【原料】面粉100克，面肥10克，半肥瘦猪肉25克。

【制作方法】

(1)将面粉放入盆内，加入面肥、温水和成面团，待酵面发起，加入碱液揉匀。

(2)将肉馅放入盆内，加入葱姜末、酱油、精盐、味精、少许清水，搅成黏糊状，加入香油拌匀成馅。

(3)将饧好的面放在案板上,擀成长方形薄片,抹入肉馅,卷成卷,按笼屉大小分成段,码入屉内,用旺火蒸15分钟,取出稍晾一下,切成3厘米长的小斜段,码入盘内即成。

橘茹饮

【原料】橘皮30克,竹茹30克,柿饼30克,生姜3克,白糖适量。

【制作方法】

(1)先将橘皮洗净,切成1厘米宽的小长条,竹茹挽成10个小团,柿饼切成约0.2~0.3厘米厚的片,生姜洗净,切成0.1厘米厚的薄片。

(2)锅内(最好用砂锅)加清水100毫升,放入橘皮、竹茹、柿饼和姜片,烧沸用火煮20分钟,取出汁,再加水煮1次,两次汤液合在一起,用清洁纱布过滤一遍,加入白糖搅匀即可。每次服100~150毫升。

【营养功效】橘皮理气止呕,竹茹清胃止呕。此饮品寒温并用,使清中有温,清而不寒。柿饼含多种营养成分,能清热和胃,止呃止吐。合用有清胃降逆之功。小儿恶心呕吐,可用此饮。

31～36个月宝宝全脑开发训练

31～36个月的宝宝非常好问，喜欢喋喋不休，家长应经常与宝宝交流，满足其好奇心和求知欲。此时父母应该多为宝宝提供接触大自然的机会，让宝宝了解季节更替、气候变化、植物生长等自然规律。宝宝正处于童心未泯，喜欢游戏的年龄，父母一定不要拘束孩子。

语言表达能力训练

倒着说词语

准备一些宝宝熟悉的玩具，如玩具汽车、玩具手枪、积木、皮球等。妈妈拿出玩具，对宝宝说："今天我们做一个游戏，看看谁说得对。"妈妈先让宝宝依次说出玩具的名称，然后，妈妈说出玩具的名称，一个顺着说，一个倒着说，交替进行，让宝宝判断对错。如"皮球"，妈妈说成"球皮"，让宝宝纠正妈妈。

妈妈引导宝宝也顺着说和倒着说交替进行，让妈妈判断对错。妈妈可以从易到难逐渐增加难度，开始先慢点说，随后加快速度，然后再由两个字，增加到三个字，再到简单的句子。这个阶段的宝宝已经能判断一些词语的对错了，和宝宝玩这个游戏，可以使宝宝的语言领悟和理解能力得到锻炼。

学说礼貌语言

让宝宝学习礼貌语言，以便友好地与人相处。妈妈在早晨宝宝醒来时要对宝宝说："你早。"并引导宝宝也对妈妈说："您早。"

当妈妈要求宝宝递东西时，妈妈要对宝宝说："谢谢！"然后引导宝宝说："不客气。"

如果妈妈不小心碰到宝宝，要对宝宝说："对不起。"然后引导宝宝说："没关系。"

爸爸在离开家门上班时，要与宝宝说："再见！"也要引导宝宝和爸爸说："再见。"

晚上睡觉前，引导宝宝和爸爸妈妈说"晚安"，然后再回卧室睡觉。

这些日常生活中的礼貌用语可以帮助宝宝学会更多的语言词汇，而且会更懂礼貌，从而成为一个懂礼貌的宝宝。

初步推理

和孩子面对面坐下讲故事、看图片，不断提问，引导孩子回答"如果……"后面的话，如小红帽如果不理睬大灰狼，她和外婆还会被吃吗？龟兔赛跑时，小兔子不睡觉会怎样？通过训练，学会初步推理。

>> **全脑开发小贴士**

姓名作为一个人的代号使之相互区别开。宝宝在认识了很多人以后也要学会用姓名来加以区分。首先，宝宝已经知道了自我，那么就要学会用自己的代号来表示，即学会说出自己的姓和名，而不是小名。继而教宝宝学会说出周围一些熟悉的人的姓名，以后他会逐渐地懂得用姓名来称呼同伴。

大动作能力训练

上攀登架

准备一个三层的儿童攀登架，每层之间距离约为 12 厘米。家中也可以利用废板材或三个高度相差 10～12 厘米的大纸箱，两面靠墙，制成攀登架。

把攀登架固定好后，父母引导宝宝先用上肢攀着上面的支架，再倒脚上架，攀到架子的顶上。妈妈要告诉宝宝攀登如何用力，如攀登时手脚要同时用力支撑体重，要利用胳膊的力量向上攀登。

当宝宝攀登到顶上后，由妈妈帮助宝宝转身，再从上面攀爬下来。刚开始的时候，宝宝可能会因为恐惧而不敢攀爬，妈妈可以先让宝宝爬上一个纸箱，等克服了恐惧以后，再接着攀爬。宝宝能熟练攀爬后，妈妈可以和宝宝进行攀登比赛，看谁先爬上去。

宝宝在攀爬时，不知不觉就会用单一肢体支持体重，或利用一个肢体的攀登使身体跳跃到某个高度，同时练习了保持身体的平衡，提高了肢体协调性。

独脚站立练习

两脚可交替训练，使双下肢力量均衡。开始时小儿可能要扶着人和物才能抬起一只脚，逐渐地训练小儿不依靠人和物自己单足稳定地站立几秒钟，并逐渐训练小儿单足独站由几秒到10秒左右时间。可用竞赛的形式鼓励小儿，使小儿能够逐渐地较稳定地单脚支撑。

>> 好妈妈大讲堂

跳跃是孩子成长过程中必不可少的一个重要环节。孩子开始走路了，但是妈妈们会慢慢发现，他们已经不能满足原来的慢慢走路，而是逐渐加快脚步，并且伴随着身体平衡能力的日趋成熟后，开始跳跃了。跳跃对孩子的好处很多，但是当孩子跳跃时，一定要让他有一个正确的姿势。

交替双足下楼梯

宝宝在2岁时已经学会交替双足上楼梯。住楼房的孩子由于有更多的练习机会，所以学得较快，但要学会交替双足下楼梯几乎要在半年之后。有些胆大的宝宝是很能干的，2 岁刚过就会交替双足下楼梯，但大多数是接近 3 岁时才能学会，胆小的过了 3 岁才能做到。不要勉强，因为各种楼梯的高度不同，每阶梯高 15 厘米以下，就比 15 厘米以上容易些。近年来建的高层楼房每层楼高约 2.5 米，楼梯每阶是 15 厘米以上，宝宝双足便于交替，旧楼的楼层高达 3 米或 3 米以下，楼梯每阶高达 17 ~ 18 厘米，宝宝不便于交替，要双足立稳于一个阶梯，再迈到下一阶梯，此外，有扶手或有人牵扶时易于交替，扶手太高宝宝够不着时就难以交替。

>> 全脑开发小贴士

在日常生活中父母会发现跳跃动作的熟练有助于孩子很多方面的发展。比如，他的性格会变得更活泼，喜欢表现自己，不怕生，并且在学习舞蹈等身体语言时，他会学得很快，很协调。

精细动作能力训练

使用剪刀

家长可以选用钝头的剪刀，让孩子用拇指插入一侧手柄，食指、中指及无名指插入另一侧手柄，小指在外帮助保持剪刀的位置。快到 3 岁的孩子只要求会拿剪刀，能将纸剪开，或将纸剪成条就行。在使用剪刀时家长一定要在旁监护，防止孩子用剪刀伤及自己或他人。这种活动可以锻炼手的能力。

拣豆豆

将红豆、绿豆和黄豆混装在一个碗里，让孩子分类拣出。开始时家长可以帮助他拣其中一种，这样不但能减小难度，还能激发他的竞争心理。随着孩子动作的熟练，就让他独立挑拣。

认知能力训练

认识不同职业的人

宝宝经常会遇到不同职业的人，如乘公共汽车时认识售票员和司机，到医院看病时认识医生和护士，跟妈妈去商场时会认识售货员，也会认识给家里送信的邮递员。同大人在餐馆用餐时会认识服务员或者炊事员，到郊区或亲属家中会看到种地的农民，在工地会看到建筑或修路的工人，早晨在马路上会看到清扫的清洁工等。家长要随时给孩子介绍不同的职业所做的工作和作用，使宝宝学会尊敬做不同工作的人，和各种人积极配合。懂得不随地扔东西，以免清洁工阿姨辛苦；把碗盘中食物吃干净，以表示尊敬做饭的人；看病时不哭，使医生尽快查清病因，等等。

>> 好妈妈大讲堂

父母应给孩子买一套难易程度符合孩子年龄和智力特点的积木，先做示范，让孩子模仿动作，然后让孩子自己操作，在这个过程中，父母不要忘记表扬孩子取得的成就。搭积木的动作主要由孩子的手来完成，积木的难度越大，对孩子的手部精细动作能力要求就越高，也越能锻炼孩子手部的精细动作能力。

品百味

准备几种宝宝喜欢的口感相近的食物，味道不能相差太多。把食物放在不同的碗里，把这些碗在桌子上排成一排。妈妈可以告诉宝宝所有食物的名称，然后说："让我们来玩一个游戏。"妈妈用眼罩把宝宝的眼睛蒙起来，用汤匙舀起一种食物，让宝宝尝一尝，让宝宝猜一猜吃的是哪一种食物，然后把食物拿到宝宝面前，让宝宝看自己猜对了没有。如果错了，就让宝宝再尝一下。用同样的方法，让宝宝尝遍所有的食物。

这个游戏能让宝宝尝到更多的味道，丰富味觉刺激。但要注意不要让宝宝一次吃太多，以免宝宝腹胀。也不要给宝宝预备太凉的，如冰激凌之类的东西。

>> 全脑开发小贴士

当孩子在乱涂乱画时，家长要多注意，孩子的画常常有“人格化”的特点，也就是说常用来表现周围事物，不论什么东西都赋予其生命。父母可以通过阅读孩子的画来了解自己的孩子，从而更加正确有效地教育孩子，使孩子有一个更加美好的未来。

让宝宝辨别好人和坏人

可能很多大人都不敢相信，宝宝会有什么是非观点，而这正是是非观念形成的时刻。平常在大人给宝宝讲故事的时候，我们就可以看出宝宝对是非的判断表现，比如在小兔子乖乖的故事里，宝宝很容易就接受了小兔子是“好人”，大灰狼是“坏蛋”的观点，以后只要提到坏人，宝宝就会感觉对方就是“大灰狼”。

>> 好妈妈大讲堂

本阶段的宝宝已经具备鉴别生面孔的能力了，这种判断力能够让宝宝对好坏产生有差异的比较、辨别。宝宝已经知道应当同情好人，憎恨坏人。由于宝宝对新面孔的辨别能力增强，宝宝对别人的面部表情也有了比较深刻的了解，如果大人板起脸，往往会被宝宝当成“坏人”看待。

创造性思维智能

火柴塔

准备一盒火柴、一块橡皮泥。和宝宝一起，用橡皮泥连接火柴棒，把火柴棒固定住，把它们拼成一个三角形的塔。

当宝宝学会后，妈妈就要和宝宝在不同的地方开始“堆”。妈妈可以和宝宝比赛，看谁“堆”的塔比较高、比较快，以此来激起宝宝创造的兴趣。建造好后，妈妈可以轻轻地敲桌子来使塔摇晃，或是吹出一口气把塔弄倒。

游戏可以锻炼宝宝在日常生活中的专注性与耐心，而且能帮宝宝自己动手创造，能提高创新能力。

黏土花盆

妈妈教宝宝用布丁盒做花盆，妈妈先在宝宝吃完的布丁盒底部钻一个洞，当花盆的排水口。在盆子外包上黏土，干了后，用水彩涂上颜色，画一个脸或让宝宝贴上自己喜爱的贴纸。妈妈把“花盆”放在阴凉的地方晾干，把已经准备好的泥土倒进“花盆”中，种植花朵。一些用完的东西还可以重复利用，这可以锻炼宝宝自己动手制作东西的能力，提高宝宝的创造性思维智能。

社交能力训练

小取物员

妈妈让宝宝到小区的传达室去问一问，有没有邮来的信件或报纸。可以事先教宝宝怎么说，比如：“大爷，今天有张某家的报纸吗？”“大妈，有没有李某家的信件？”让宝宝像大人一样，从传达室那里领取自己家的东西。

妈妈也可以让宝宝到邻居家里借东西，教宝宝说“孙阿姨，我们想借你们的水壶用用”，“李叔叔，我爸爸想借您的钢笔用用”等。

还可以让宝宝到鲜奶供应站去取奶，教宝宝说：“叔叔，我要取张某家的牛奶。”但宝宝还很小，做这些事时一定要有大人陪着。

多次练习后，即使妈妈不说，宝宝也会去做的。

游戏可以提高宝宝与生人交往的能力，以达到日后正常交往的目的。而且经常让宝宝帮父母做事，还能锻炼宝宝的生活责任感。

擦车

妈妈下班回来后，对宝宝说：“宝宝，妈妈的车子脏了，帮妈妈一起来擦一擦车吧。”

然后告诉宝宝擦的每一个部位的名称。

宝宝和妈妈一起擦车时，妈妈还可以同时给宝宝讲故事，或者带领宝宝一块儿唱歌，使宝宝在快乐中进行劳动。

擦完后，妈妈要对宝宝说："谢谢！"并引导宝宝说："不客气。"

这个游戏能提高宝宝的人际交往能力、动手能力，同时会让宝宝变得乐于助人。妈妈也可以让宝宝帮其他的忙，但要在宝宝的能力范围之内。

>> 专家建议

孤僻的宝宝就像是一只掉队的小鸭子，独自享受着他们自己的空间。长久下去，就会造成宝宝的孤僻性格，并且还会产生牢固的自卑情绪，这对宝宝的成长很不利。所以，让宝宝学会交往与合作是非常重要的。3 岁是培养宝宝们社会交往能力的重要时期，父母一定要抓住这个时机。

生活自理能力训练

用筷子吃饭

吃饭时，妈妈可以为宝宝准备一双儿童专用的筷子，然后让宝宝学着自己用筷子夹菜吃饭。

如果宝宝不会，妈妈要耐心教宝宝，帮宝宝把筷子对齐，然后扶着宝宝的手，帮他夹菜。同时还要鼓励宝宝说："宝宝真聪明，会自己用筷子了。"

宝宝听了妈妈的鼓励后，会笨拙地一次次练习着，妈妈也要一次次鼓励他。练习几遍后，宝宝就能夹到一点。

学习使用筷子能锻炼宝宝手部灵活性。能正确使用筷子的宝宝才能进食自如，学会独立。

学习刷牙

给宝宝准备一个儿童牙刷，引导宝宝自己用牙刷刷牙，先从上到下，再从下到上，同时要照顾到里面和外面。注意给宝宝用牙膏时，要提醒宝宝不要吞咽牙膏，或者等到宝宝完全掌握了刷牙方法后再用牙膏。

为了鼓励宝宝自己刷牙，可以和宝宝一起学唱刷牙儿歌："小牙刷，手中拿，张开我的小嘴巴。上面牙齿往下刷，下面牙齿往上刷，左刷刷，右刷刷，里里外外都刷刷。早晨刷，晚上刷，刷得干净没蛀牙。刷完牙齿笑哈哈，露出牙齿白花花。"还可以陆续学习洗手、洗脸、梳头等。接近3岁的宝宝什么都想自己动手，会显得很能干，父母可以引导宝宝自己动手照顾自己，帮助宝宝养成良好的卫生和生活习惯。

娃娃穿衣

准备好玩具娃娃及娃娃的衣服等，娃娃的衣服上要有按扣、纽扣、拉链等。妈妈和宝宝坐在一起，然后告诉宝宝："宝宝是玩具娃娃的妈妈，要给娃娃穿衣服。"

妈妈可以跟宝宝说："天亮了，娃娃该起床了。宝宝快给娃娃穿好衣服，娃娃要出去玩啦。"

然后妈妈让宝宝叫醒娃娃，并让宝宝充当妈妈给娃娃穿衣服。妈妈要告诉宝宝，给娃娃穿上衣时，要先给娃娃穿袖子，穿好袖子后，再给娃娃系上扣子。

穿裤子时，要先让娃娃穿裤腿，再引导宝宝把娃娃的裤子提起来，娃娃的裤子就穿好了。

> **>> 专家建议**
>
> 发展心理学研究表明，2～3岁是培养独立自主能力的关键期。家长们要抓住这个关键时期，放手让宝宝学习自理，让宝宝实现心理断乳，走向真正的独立。爸爸妈妈不能因为担心他弄得一团糟而拒绝让他尝试独立。父母要把某些事划入宝宝的责任范围，并且应遵循一个原则：那就是在他有能力学习做某一件事时，教他如何操作。

穿好衣服后，别忘了指导宝宝按顺序给娃娃系扣子、拉拉链。如果宝宝能很顺利地完成这些事情，妈妈要及时地鼓励宝宝。

掌握常识

熟悉水

给孩子准备一大盆水、小口瓶子、漏斗、量杯及各种大小不同的杯子及可在水里沉或浮的物品、塑料围裙等。让孩子自由尝试用各种容器装水和倒水。可引导孩子从大容器向小容器里倒水；用量杯给不同的容器装水；用漏斗往小口瓶子里装水等。

引导孩子用不同的方法了解水的特性。如把空杯子倒置平放在水面，再按到水底，会出现什么情况？用小篮子装水会出现什么情况？将水壶灌满水，给它加热会怎样？冬天把一杯水放到室外会怎样？

成人和孩子一起讨论可以用水做什么，让孩子完整地讲述用某一种方法玩水的过程和感觉，最后一起收拾玩水的用具等。

认识交通工具

准备一系列交通工具的图片，让孩子认识交通工具的名称和图片的背景。如飞机在空中飞，轮船在大江和大海上走，小木船或游艇在公园的湖中游。大街上有公共汽车、中巴车和出租汽车，也有许多人骑自行车和摩托车。城市地下有地铁，各城市之间有火车在铁路上跑。不同用途的汽车有特殊的名称，如送病人的救护车，送货物的货车，打仗用的坦克，海中的潜水艇，空中的轰炸机，甚至飞到太空去的宇宙飞船，洒水的洒水车和扫地的清洁车，还有粪车，等等。

在图片上学过的知识最好要实地观察，有时孩子会发现许多新鲜事物，如建筑工地上的推土机、挖土机和大吊车等。只要孩子真正看到过的东西，家长介绍过的名称会留下深刻印象，如果结合英语学习，如 car、plane、ship 等，孩子都能记住。

掌握一些安全常识

现在是电器时代，家里到处都是电线、插座、开关等。家长如果不小心看护，极易发生小孩触电事故。为防止此类事故的发生，首先应把这些导电物品安装在安全的地方，并采取一些防护措施，同时家长要经常教育孩子，电是危险的，不要随便碰这些电器，以引起孩子的警惕。

记忆与思维能力开发

画香蕉

准备好图画纸、水彩笔、香蕉，妈妈先让宝宝看一看、摸一摸、闻一闻香蕉，然后一起吃香蕉。妈妈让宝宝说出香蕉的颜色、形状、味道，并告诉宝宝吃香蕉有营养。妈妈对宝宝说："刚才，我们吃了一个又香又甜的香蕉，现在我们画一个，送给图画上的小猴子吧。"然后和宝宝一起画香蕉，可以在画的同时唱儿歌。画完之后，妈妈应该再重复一遍上述问题，如果宝宝忘记了，就要再教一遍。

通过画水果，能提高宝宝的动手能力，通过对香蕉的形状、颜色把握，也能提高宝宝形象思维智能。

装起来

妈妈给宝宝准备一个小桶，然后再找一些可以放入小桶内的小玩具，比如小鸭子、积木、小碗等，放在宝宝旁边。

鼓励宝宝将这些小玩具都装进小桶内，然后盖上盖子。宝宝在把小玩具放进、拿出小桶内的过程中，注意力会很集中。

当宝宝装完后，妈妈要问问宝宝："那些玩具都去哪里了？"宝宝会拍拍小桶。妈妈再问："是不见了吗？"宝宝摇摇头，或回答"不是"。通过这样的游戏，可以让宝宝感觉东西的存在与否。

这个游戏可以让宝宝明白，眼睛没看到的东西不是就此消失，能提高宝宝的探索能力和记忆力。

生活五味

让宝宝逐一品尝酸、甜、苦、辣、咸五种口味的食品，将宝宝品尝每种食品的表情照下来或拍摄下来。

在宝宝品尝每一种味道时，妈妈都要问宝宝食物的味道和感觉，然后帮助宝宝说出“酸的、甜的、苦的、辣的、咸的”词汇。妈妈和宝宝一起看照片或录像带，回忆各种表情代表的是什么味道，让宝宝用酸、甜、苦、辣、咸表述不同的味道。

可让宝宝说一说，还有哪些食物有这些味道。妈妈模仿一种表情，让宝宝猜一猜妈妈吃到什么味道的食品了。

在宝宝遇到相似味道时，可以正确地用语言来表达，从而丰富语言词汇。

>> 全脑开发小贴士

在一张纸上按顺序写下一周的每一天，边写边用手指着它们，说它们的名字，告诉孩子今天是星期几，然后让他指出该日的名称和第二天的名称。这可以加强孩子对日期的理解，提高记忆、排序和集中注意力的技能。

数学与逻辑能力开发

给图形排队

准备大小不同的圆形、三角形和正方形各三个。让宝宝分别看三组图形，然后让宝宝将每组中最大的和最小的图形找出来，然后让宝宝按图形的大、中、小给图形排队。将所有图形混在一起，再让宝宝挑出大、中、小图形，按顺序排队。同时妈妈也可用儿歌的形式帮助宝宝记住图形大小：“大图放上面，中图放中间，小图放下面，比比又看看。别看宝宝年龄小，能分大小不简单。”

游戏培养了宝宝的感知能力，发展了宝宝直观辨别事物的能力，对发展宝宝的数学智慧很有帮助。

认识1和8

妈妈准备一个挂历，先教宝宝认1，先告诉宝宝挂历上的数字是1。然后举起一根手指告诉他，1和手指一样是一个竖起的道道。

最后再拿几个不同的数字或者图片放在宝宝面前，让宝宝从中挑出数字1。

认完1以后，就教宝宝认识8。因为8这个数字非常有特点，就好像两个小圈圈连起来一样，所以宝宝也非常容易认出它。

让宝宝学习认数，要从最简单的和宝宝最感兴趣的数字开始学起。学会这两个数之后，再让宝宝将其从不同的数中挑选出来。这不仅能锻炼宝宝的视觉记忆能力，而且还能培养宝宝对数字的兴趣。

智商训练游戏

自从宝宝学会画圆圈以来，已经画过许多圆形的物品。有些宝宝还会画上两个圆圈表示不倒翁。这就是画人的开始。这时父母可以让宝宝仔细观察自己的脸，让宝宝在自己画的圆圈内添上各个部位。多数宝宝先添眼睛，画出两个小圆圈表示眼睛。有些宝宝会在圆圈的顶上添几笔，画出几根头发。这时，家长可以帮助他再添上鼻子和嘴，问宝宝："还该添些什么？"有时宝宝喜欢画一个肚脐在大圆圈中央，或者在胳膊的末端画一个叉表示手指。这种互相添加的画法可使宝宝感到兴奋。

>> 专家建议

智力测验中有一种方法叫绘人试验，让宝宝自己去画，成人不干预提示，宝宝全凭记忆去画每一个部位，画的部位越多，表明宝宝智能越好。有些宝宝会在家长帮助下会记得较多的部位，但有些宝宝由于画的与自己的联想连不起来，完全自己画时仍只能画出自己确实了解和熟记的部位。

有时还可以三个人共同作画，每个人只许画一个部位，看看最后成什么样子。可以由宝宝开始，爸爸妈妈各画一个部位，这样画出来的人会更加详细和复杂。如眼睛会有眼珠、眼眉和睫毛，鼻子会有两个鼻孔，嘴有上下唇，胳臂末端会有手指，腿下面有鞋，身上会有衣服，等等。宝宝不会画，只要说出来就算数，家长可握着手帮他画。通过这种学习，宝宝会对人身体各个部位有进一步的认识，下次再让他自己添画部位时，可以增至 3 ~ 4 处。

31～36个月宝宝全脑开发游戏

游戏对婴幼儿各阶段的发展有相当深远的影响。父母要依宝宝各阶段的发展，为其选择合适的游戏。好的游戏应当具备以下几个特点：游戏可以帮助孩子发展各阶段的基本动作；可以培养孩子的学习能力；可以引发并培养孩子的好奇心、探险性。

切馒头

游戏目的：培养宝宝的动作能力。

游戏方法：先准备一把圆头的餐刀，右手握刀时先看清，利口向下，左手固定要切的馒头，留出要切开的部位，将刀的利口朝下，使劲将馒头切开。学习使用刀子应从容易切的开始。如切开豆腐、切开点心、切开山楂糕等。渐渐再学习切开较硬的东西，如苹果、橙子等。

学习用刀子是很重要的。日常生活中经常要用，许多父母都害怕会伤到宝宝自己，样样代劳，剥夺了宝宝学习的机会。宝宝在玩过家家时经常用玩具刀模仿妈妈切菜，一旦真的会自己使用刀子，看到自己能将东西切开，心情是十分激动的。练习时父母要注意照看。

剪个苹果吃

游戏目的：培养宝宝的精细动作能力。

游戏方法：妈妈问："宝宝，想吃大苹果吗？"答："想吃。""妈妈剪一个大红苹果给宝宝吃。”把正方形红纸对折，用铅笔画半个苹果，用剪刀剪下，打开来就是一个剪纸苹果。“大苹果有了，给宝宝吃。”让孩子假装吃，“妈妈也尝尝。”妈妈也假装吃。“妈妈还想吃个更大的苹果，宝宝给妈妈剪一个吧。”大人在旁边指导，并教会孩子如何用剪刀。

堆沙堡

游戏目的：培养宝宝的社交能力。

游戏方法：在游戏场所会有很多小朋友。让孩子和附近的孩子们一起玩“堆沙堡”的游戏。刚开始孩子会自己一个人玩，但时间一久，就会注意到其他的小朋友。请在旁边注意孩子会不会打架或弄倒其他小孩的沙堡。孩子觉得有妈妈在旁边看着，就会安心地沉迷在游戏里面。这是孩子离开妈妈的怀抱，和朋友融洽相处的开始。

给日子取名

游戏目的：锻炼宝宝的记忆能力。

游戏方法：准备一张纸，在上面按照顺序写下任意一周的每一天，在写的时候告诉宝宝它们的“名字”。然后告诉宝宝几天是星期几，接着问宝宝这一天的名称，以及下一天的名称。这个游戏可以加强宝宝对一星期日子的理解，同时可以提高宝宝的记忆、排序和集中注意力的技能。

>> 好妈妈大讲堂

在晴朗的天气里，爸爸妈妈可以和宝宝躺在草地上观察天上的云朵，启发他将不同形状的云朵看成动物、仙女、天使等。千万不要小看宝宝充满好奇的探究活动，或是傻气十足“胡思乱想”，因为这些正是创造能力的萌芽阶段。

堆火柴塔

游戏目的：培养宝宝的动手能力。

游戏方法：用火柴堆成一个塔。爸爸、妈妈和孩子彼此在不同的地方堆堆看。

妈妈问:“谁的塔比较高呢?”来激起孩子的兴趣。轻轻地敲桌子来使塔摇晃,或是吹出“呼——”的一口气把塔弄倒。

在堆叠过程中,将火柴棒一一蘸上乳白胶粘贴固定住,使堆好的塔不会倒,也很好玩哦!

>> **全脑开发小贴士**

游戏是自由、轻松、愉快的活动,宝宝特别喜欢。只有在游戏中宝宝才能主动地、自觉地接受教育,所以爸爸妈妈在现实生活中尽可能采用各类游戏的形式对宝宝进行开发全脑的训练。

钓鱼

游戏目的:培养宝宝的动作能力。

游戏方法:游戏前,用一根小竹竿,在一端挂上一个塑料兜,模拟钓鱼人捕鱼用的钓鱼竿和鱼网。游戏时,爸爸扮演钓鱼人,妈妈扮演大鱼,小儿扮演小鱼。爸爸说:我要钓鱼啦。同时,站在场地中间,挥动着钓竿去触碰大鱼和小鱼的头部。妈妈和小儿奔跑躲避。若是谁的头部被鱼网套住或者触碰到,谁就被钓到了,被钓到的就站到一边去。如果两个人都未被碰到,游戏重新开始。反复多次进行,看谁被触碰到的次数多。

抛纸球

游戏目的:培养宝宝的协作能力。

游戏方法:事先收集一些废报纸,将报纸捏成团,再用橡皮筋或胶带缠绕几圈。制成纸球数个。玩法一:宝宝站在画好的圆圈内,将纸球向前抛。每抛一次,妈妈就在纸球落下处的地上画一条线,以示每次抛的距离。玩法二:宝宝和爸爸妈妈分开站成三角形,相距1~1.5米,相互传球、接球。

>> 专家建议

视觉、听觉和语言的“综合刺激”特别有助于开发宝宝的右脑。爸爸妈妈可以在1小时内接连不断地给宝宝看恐龙、鲜花等图案，其间穿插儿歌、外语、故事等语言刺激。因为宝宝难以长时间对相同的刺激保持兴趣，所以“综合刺激”可以分成若干小单元，如每次3分钟，然后休息1分钟。

智力测试

1. 宝宝画圆形、正方形、三角形：
A. 用瓶底画圆(2分)
B. 画1个直角(4分)
C. 画2个直角(6分)
D. 画3个直角(8分)
计分:6分为合格。
2. 宝宝用剪刀：
A. 会拿剪刀,但剪不开(3分)
B. 剪开小口(5分)
C. 剪成条(7分)
计分:5分为合格。
3. 宝宝用钝刀切面团：
A. 顺利切成3~4份(8分)
B. 切成两份(5分)
C. 有切口但未切断(4分)
计分:5分为合格。
4. 宝宝看图说1~2句话：
A. 讲5个字以上,有形容词(10分)
B. 讲5个字以上,无形容词(8分)
C. 有物名(4分)
(讲出图的特点,另加4分)
计分:10分为合格。
5. 宝宝讲一件花毛衣。有物名、用途、颜色、特点：

A. 讲出 2 项(6 分)

B. 讲出 3 项(8 分)

C. 不齐全,提问后补齐(10 分)

D. 4 项齐全(12 分)

计分:10 分为合格。

6. 摆饭桌、擦桌子、放凳子、摆碗筷或勺子 4 项:

A. 摆上 2 项(6 分)

B. 摆上 3 项(8 分)

C. 摆上 4 项,但不齐全(10 分)

D. 摆上 4 项齐全(12 分)

计分:10 分为合格。

7. 能找出常用的东西:剪刀、小刀、肥皂、卫生纸、铅笔、手绢、故事书、皮球、帽子、袜子、妈妈的书包、爷爷的眼镜、爸爸的书、奶奶的外衣。

A. 找出 2 种(6 分)

B. 找出 4 种(8 分)

C. 找出 6 种(10 分)

D. 找出 8 种(12 分)

(每种记 1 分)

计分:10 分为合格。

8. 自己洗脚、脱鞋袜、打肥皂、洗脚缝、擦干、穿上干净袜子和鞋或拖鞋。

A. 1 项

B. 3 项

C. 5 项

D. 7 项

计分:10 分为合格。

9. 上厕所会用卫生纸,会整理裤子和衣服:

A. 独立完成一项(3 分)

B. 自己做后要他人帮助清理(6 分)

C. 完全自己做(8 分)

计分:6 分为合格。

10. 在穿上衣,分清前后、反正,会系扣 3 项中,宝宝:

A. 会 1 项(3 分)

B. 会 2 项(6 分)

C. 会 3 项(8 分)

计分:6 分为合格。

11. 走平衡木:

A. 扶人扶物(3 分)

B. 自己上,不必扶人和物,由起点到终点(6 分)

(从终点又走回起点加 3 分)

计分:6 分为合格。

12. 单足连续跳跃,不扶物:

A. 2 下(2 分

B. 3 下(4 分)

C. 4 下(6 分)

D. 5 下(8 分))

计分:6 分为合格。

测试分析:第 1 ~ 3 题测试宝宝手的精细能力;第 4 ~ 5 题测试宝宝的语言能力;第 6 ~ 7 题测试宝宝的社交能力;第 8 ~ 10 题测试宝宝的自理能力;第 11 ~ 12 题测试宝宝的运动能力。统计全部分数,将其相加,得出以下结论:

100 分以上:优秀。

70 ~ 100 分:正常。

70 分以下:暂时落后。